"蓝色福建 向海图强"丛书

海上福建

上

中共福建省委党史方志办 著

海峡出版发行集团
THE STRAITS PUBLISHING & DISTRIBUTING GROUP

福建人民出版社
FUJIAN PEOPLE'S PUBLISHING HOUSE

图书在版编目（CIP）数据

海上福建：上、下 / 中共福建省委党史方志办著. --福州：
福建人民出版社, 2024.2
　　（蓝色福建　向海图强）
　　ISBN 978-7-211-09265-9

Ⅰ.①海…　Ⅱ.①中…　Ⅲ.①福建—概况　Ⅳ.①K925.7

中国国家版本馆CIP数据核字（2024）第013986号

海上福建（上、下）
HAISHANG FUJIAN

作　　者：中共福建省委党史方志办
责任编辑：潘静超　林俊杰
美术编辑：陈培亮
责任校对：陈　璟

出版发行：福建人民出版社　　　　　　　　电　　话：0591-87604366（发行部）
地　　址：福州市东水路76号　　　　　　　邮　　编：350001
网　　址：http://www.fjpph.com　　　　　电子邮箱：fjpph7211@126.com
经　　销：福建新华发行（集团）有限责任公司
印　　刷：福州印团网印刷有限公司
地　　址：福州市仓山区建新镇十字亭路4号
开　　本：787毫米×1092毫米　1/16
印　　张：59.25
字　　数：890千字
版　　次：2024年2月第1版　　　2024年2月第1次印刷
书　　号：ISBN 978-7-211-09265-9
定　　价：268.00元（上、下）

　　海涛澎湃，潮涌东南。福建依山傍海，海域辽阔，岸线曲折，港湾岛屿星罗棋布，海洋资源得天独厚，海洋文化遗产璀璨夺目。山与海的交响绘成了福建发展的醉美画卷，也谱写了福建特色鲜明的地域文化。闽山闽水，物华天宝。泱泱碧波里，漫漫海岸边，繁衍生息着千姿百态的海洋生物，也蕴藏着古朴雄浑的历史人文，更孕育了最具海洋精神的福建人。跨越山海、日啖海物、劈波斩浪的福建人在蓝色的田园里创造了独有的海洋文明，成为中华文明的星空中一颗耀眼的"蓝色之星"。

　　山海交响，向海而生。福建与大海密不可分，古时有言："闽在海中""海者，闽人之田也"。福建人自远古时期起就以海为家，跨越岛屿，捕鱼采贝，凿木成舟，出海远航，获取"渔盐之利、舟楫之便"。他们是中国的"海上马车夫"、中国的"世界人"，穿越古代、近代、现代，闯荡天下，生生不息。福建人向海而歌，于艰辛中锤炼百折不挠的筋骨，在交流中涵养开放包容的气度。海洋打开了福建人的视野，赋予其拓海扬帆、冒险开放、锐意进取的海洋气质与禀赋，不断奏响人海和谐共生的乐章。璀璨的海洋文化基因迸发出蓬勃的生命力。

　　开海航海，依海而兴。船舶制造及航海技术的发展为各大文明间的交往提供了便利，海上大通道为之打开，海港日益繁华。唐宋福建就已"梯航万国""舶商云集"，成为古代海上丝绸之路发祥地和重要起点之一。唐代福州港"船到城添外国人"；宋代泉州港"涨海声中万国商"，被誉为"东方第一大港"，是宋元中国的世界海洋商贸中心；明初福州长乐太平港是郑和下西洋船队驻泊地和出洋地；明中叶漳州月港"海舶鳞集、商贾咸聚"，成为"天子南都"；清代厦门港发展成为"通九译之番邦""远近贸易之都会"。

　　15世纪末16世纪初，随着地理大发现和新航路开辟，大航海时代拉开全球化序幕，贯通世界的海上航线开辟，东西方国家贸易联通，福建被认为是各国"进入伟大中国的立足点和跳板"。随贸易而来的是海洋殖民，郑成功驱逐荷兰殖民者收复台湾，使闽台区域连为一体，两岸一衣带水。明清鼎革之际，福建人过番出洋，开台湾、去东洋、走西洋、下南洋，凡有海水的地方就有福建人，有福建人的地方就有妈祖。海洋打开了福建人的"生活圈""朋友圈""文化圈"。

　　"晚清风流数侯官"，得风气之先的福建人如林则徐、严复、沈葆桢等发出近代海防海权意识觉醒的先声，为中华民族救亡图存和独立富强奋斗不已。历史昭示我们，"向海而兴，背海而衰；禁海几亡，开海则强"。

　　经略海洋，向海图强。中华人民共和国成立后，福建继续承载着探索开发海洋的传统，踏浪前行。海洋、海湾、海岛、海峡、"海丝"赋予福建向海发展的巨大潜力。实施"大念山海经""山海合作""建设海峡西岸繁荣带""建设海洋大省""建设海洋经济强省"等战略决策，福建海洋经济长足发展。2011年，国务院将福建列为全国海洋经济发展试点省份。2015年，《福建省21世纪海上丝绸之路核心区建设方案》发布，福建迎来续写丝绸之路辉煌传奇的历史机遇！

福建是习近平总书记关于海洋强国建设论述的重要孕育地和实践地。在厦门工作期间，他牵头研究制定《1985年—2020年厦门经济社会发展战略》，明确提出厦门港的发展定位。在宁德工作期间，他强调山、海、田一起抓，"靠山吃山唱山歌，靠海吃海念海经"。在福州工作期间，他提出建设"海上福州"战略构想，在全国率先发出"向海洋进军"的宣言。在省委省政府工作期间，他提出建设海洋经济大省、建设海洋经济强省的战略思路，推动出台一系列大力发展海洋经济的政策措施。

党的十八大以来，以习近平同志为核心的党中央作出了建设海洋强国的重大战略决策。福建省委、省政府一以贯之传承弘扬习近平同志在福建工作时关于海洋经济发展的重要理念和创新实践，以建设"21世纪海上丝绸之路核心区"为契机，统筹推进陆地和海洋、近海和深远海资源开发，培育壮大海洋新兴产业，围绕产业布局、科技创新、环境保护等领域持续发力。"海上福州"建设持续推进，"丝路海运"扬帆启航，"科技兴海"战略深入实施，福建海洋经济不断发展壮大。全省海洋生产总值保持10%以上的年增长速度，2018年首次突破万亿元，2022年达到1.2万亿元，水产品总量、水产品出口额居全国首位。海洋渔业、滨海旅游、海洋交通运输等主导产业优势明显。海洋经济已成为拉动福建经济增长的重要引擎和新增长点。

海洋是福建高质量发展的战略要地。2021年3月，习近平总书记来闽考察，明确指出要壮大海洋新兴产业，强化海洋生态保护，为加快建设"海上福建"提供了根本遵循。

海洋以无比广阔的胸怀，浩瀚无穷的力量，迎接八闽之帆踔厉奋发，勇毅前行，逐梦深蓝。新征程上，福建省委、省政府以习近平新时代中国特色社会主义思想为指导，全面贯彻习近平总书记来闽考察重要讲话精神，聚焦新福建建设宏伟蓝图大局和"四个更大"重要要求，坚持一张蓝图绘到底，加快建设"海上福建"，坚持陆海统筹、湾港联动，以海带陆、以陆促海，统筹陆地、海岸、近海、远海资源开发，完善"一带两核六湾多岛"海洋经济发展空间格局，大力发展深海养殖装备和智慧渔业，建设海上牧场，推进"福海粮仓"和"智慧海洋"建设，发挥海上大通道优势，推动海洋生态文明建设，推进海洋经济高质量发展，为全面建设中国式现代化福建篇章注入强劲的蓝色动能。

我们正在打开海洋新世界的大门。

| 三、璀璨的海岸沙滩

四、天然的海港海湾

| 八、沿海的美食特产

一、蓝色纵贯线："海上福建"的资源空间与发展位势

"海上福建"的资源空间广阔、内涵丰富、独具特色，特别是海洋地理资源、海洋生物资源、海水与海洋矿产资源、海洋能资源、海洋历史人文资源、海洋经济资源等，具有依海而兴、向海图强的发展位势和潜力，是"海上福建"建设的资源空间拓展纵贯线，成为福建全方位推动高质量发展超越的新增长点和发展极。

（一）海区纵贯线：东南沿海的明珠

福建海区地处中国大陆东南边缘，扼东北亚和东南亚航运通道要冲，为中国东海向南延续的组成部分，北跨及东海南部，南与南海东北部相接，纵向长约580千米，200米等深线海域面积13.6万平方千米，包括台湾海峡与闽东北海区，以台湾海峡为主体，闽、台海区相互联结和交融。

台湾海峡北起台北县富贵角到海坛岛连线，南至漳州东山岛到鹅銮鼻连线，长约380千米，面积约9万平方千米，平均水深60米，是连接东海与南海的重要水道，几乎位于横滨—新加坡的太平洋"黄金航道"的中点，是东北亚与东南亚，太平洋北部与印度洋沿岸、大西洋沿岸经贸往来的航运交通要道。

（二）海岸纵贯线：双循环的重要节点

福建北连长三角，南接珠三角，衔接长江经济带与粤港澳大湾区，是"21世纪海上丝绸之路"（以下简称"海丝"）核心区。福建发挥独特区位优势，加快构建快捷联通京津冀、长三角、粤港澳大湾区和中西部的战略通道，在国内大循环中发挥衔接、贯通的作用，在国内国际双循环中发挥集聚、辐射的作用。

福建与海南渊源深厚、人缘相亲、文缘相通，海南岛的汉族居民先祖多来自

洛阳桥（吴寿民　摄）

福建，形成了福建人迁徙到海南，再由海南迁徙到海外的历史发展路径。两地同属泛珠三角区域，福建泉州、福州与海南海口同被列入海丝战略支点城市。福建利用人文优势，对接海南自由贸易港建设，促进"一带一路"经贸合作，打造对外开放新高地。

（三）海洋纵贯线："闽在海中"

远在新石器时代，"习于水斗，便于用舟"的福建沿海地区古越先民，就通过独木舟渡海到台湾定居。距今约8000年前，连江县马祖列岛的"亮岛人"漂洋出海，是现今南岛语族可追溯的最早祖先。

1981年在延平发现的明代郑和铜钟

两汉时期，福建与今属越南、柬埔寨、日本等地开通相对固定的航线。唐五代时期，福建与东亚、东南亚和印度等国的海上交通日臻兴盛，日本、朝鲜、三佛齐、印度、大食等国的商人和僧人纷纷来闽，出现了"市井十洲人"的繁荣景象。

宋元时期，福建与海外诸国"梯航交集"，福建通往亚、非国家的范围更加扩大，与日本、朝鲜及东南亚各国的交流更加广泛深入。

明清时期，福建海上交通进一步拓展，郑和在福建补给后扬帆开洋，以福州为唯一口岸的中琉海上贸易，连接福建—马尼拉—拉丁美洲的大帆船贸易，以及福建海商力量的崛起，使福建与东南亚各国交流进一步展开，福建与日本、琉球之间的交流进入鼎盛时期。西方各国开始与福建沟通，福建与美洲国家也建立起贸易往来和文化交流关系。五口通商后，福建华工移居海外，分布在东南亚、美洲、非洲、大洋洲的一些国家和地区。

南安九日山摩崖题刻

随着海上航线的开辟，促进了福建与海外文化与商品的交流。妈祖信仰、朱子学等文化和丝绸、瓷器、茶叶等商品，以及造船、制糖、制瓷等技术，从福建流播世界；占城稻、红薯、木棉、香料、药物等海外物产也传入了福建。

改革开放以来，福建从海防前线变为改革开放前沿。进入新时代，福建充分发挥经济特区、自由贸易试验区、平潭综合实验区、21世纪海上丝绸之路核心区等多区叠加的对外开放政策优势，积极实施新一轮高水平对外开放，不断扩大"朋友圈"，2023年10月，国际友城达124对。

（四）航海纵贯线："梯航万国"

福建历史上先后出现福州、泉州、月港、厦门四大商港，"梯航万国""舶商云集"。

西汉初年，东冶港（今福州）已粗具规模，南交南海，东接北方诸港。东汉时期，交趾七郡贡品皆从东冶泛海转运中原。唐五代时期，福州港成为"百货随潮船入市，万家沽酒户垂帘"的繁华国际贸易港口。

泉州港：泉州湾（吴寿民 摄）

宋元时期，泉州港跃居中国四大港之首，以"刺桐港"之名驰誉世界，被马可·波罗称为可与埃及亚历山大港齐名的"东方第一大港"，与泉州贸易的国家东起日本、朝鲜，南至东南亚，西至印度、阿拉伯、东非海岸，以泉州为起点和终点的海上交通航线有6条，呈现"涨海声中万国商"的繁荣景象，泉州因此成为联合国教科文组织认定的海丝起点。

明代中后期，月港成为当时中国唯一合法的海上贸易始发港，拥有187条通往东西二洋的直接国际海上贸易航线，与47个国家和地区有直接经济文化往来，呈现"海舶鳞集、商贾咸聚"的繁荣景象。

明末清初，厦门港逐渐兴起，嘉庆年间，海舶往来者每年达1000多艘，成为"八闽门户"。鸦片战争后，福州、厦门被辟为通商口岸。

福建四大商港的嬗变，见证了古代海丝的辉煌。进入新时代，福建持续推进数字丝路、丝路投资、丝路贸易、人文海丝、生态海丝、海丝茶道等八大工程，全力打造21世纪海上丝绸之路核心区。

（五）江海纵贯线：山海交响曲

福建派江吻海，山水相依，西部内陆多高大山系，东部一侧靠近海洋，闽西、闽中两大山带与海岸线平行，斜贯全省。境内水系密布、河流众多，流域面积在50平方千米以上的有740条，在200平方千米以上的有179条，河网密度达0.1千米／平方千米。

福建主要水系有"六江两溪"，即闽江、九龙江、敖江、晋江、汀江、龙江、交溪、木兰溪。闽江为全省最大河流，全长577千米，流域面积60992平方千米，约占全省面积的一半，水力资源蕴藏量居华东地区首位。

全省河流除交溪发源于浙江、汀江经广东出海外，其余都发源于省内、流经省内，并注入福建海域。这些水系沟通了内陆和海洋的联系，使福建海陆连为一体、山海交响。

（六）生态纵贯线：人海和谐

福建是海洋资源大省，具有突出的山海优势，海洋、海湾、海岛、海峡赋予福建向海发展的巨大潜力。

全省海域面积13.6万平方千米，比陆域面积大12%左右。大陆海岸线3752千米，居全国第二位；海岸线曲折率1∶7.01，为全国之最。可建万吨级以上泊位的深水岸线210.9千米，居全国首位；有港湾125个，其中深水港湾22处，能直接满足5万吨级以上船舶自由进出港的天然深水良港有厦门湾、沙埕湾、湄洲湾、兴化湾、罗源湾、三沙湾、东山湾7处，占全国1/6强。有海岛2214个，居全国第二位。

福建海洋生物资源丰富，已记录的海洋生物有5000多种。海洋渔场面积12.5万平方千米，有闽东、闽中、闽南、闽外和台湾浅滩五大渔场。浅海滩涂可利用

福安宁海村海域

养殖面积1500万平方千米，近海生物种类3000多种，贝、藻、鱼、虾种类数量居全国前列，海水养殖产量、远洋渔业产量、水产品出口额和水产品人均占有量等指标全国排名第一。

福建海洋矿产资源种类多，海岸带和近海海域已发现60多种矿产，有工业利用价值的20余种，矿产地300余处。油气资源总量可达2.9亿吨，具有开采价值的热水区域较多，沿海风能可利用时数达7000～8000小时，沿海潮汐能可开发装机容量达1033万千瓦，占全国的49.2%。

（七）人文纵贯线：双循环的重要力量

有海水的地方，就有福建人；每4个华侨华人中，就有1个福建籍。

福建是全国著名侨乡，闽籍华侨华人有1580多万人，分布在全球188个国家和地区，以亚洲、北美洲、欧洲为主，东南亚地区约占80%。全省有归侨侨眷700万人，海外闽籍主要社团2000多个。世界华商企业资产约5万亿美元，其中海外闽籍侨胞总资产占比超过1/4。此外，17%的香港同胞、20%的澳门同胞、80%的台湾同胞，祖籍地都在福建。

改革开放以来，福建坚持以侨引侨、以侨引资、以侨引外，全省引进侨资项目企业3.6万多家，实际利用侨资超过1000亿美元，占同期实际利用外资总额的80%左右，侨捐累计达300多亿人民币，闽籍华侨华人为福建改革开放作出了重要贡献，是构建新发展格局的重要力量。

（八）交通纵贯线：双循环的重要通道

福建着力打造服务全国、面向世界的21世纪海上丝绸之路核心区战略通道和两岸直接往来的综合枢纽。

在全国率先开通"丝路海运"，至2021年底共开通命名航线70条、快捷航线

罗源湾5万吨级码头（罗源县融媒体中心 供）

6条、开行2500航次，完成集装箱吞吐量284万标箱，联盟成员突破220家，与海丝沿线国家18个港口建立友好港，开行中欧（亚）班列437列。全省沿海港口开通集装箱航线293条，通达全球55个国家和地区的159个港口，实现海丝与陆丝的无缝衔接，构建以福建沿海港口为出海口的国际物流新通道。

不断拓展空中国际航线，"十三五"末，全省有3个国际机场，已开通国际和港澳台空中线路79条。"十三五"期间，民航旅客吞吐量超5000万人次，居全国第九位，货邮吞吐量居第七位。

推动闽台海上通航，闽台海铁联运更加密切，海上航线与"丝路海运""中欧班列"实现对接。"十三五"时期，闽台海上运输完成客运量840万人次，完成集装箱350万标箱。

（九）发展纵贯线：向海图强

海丝核心区和自贸区等多区叠加，成为推进高水平对外开放的新引擎。2021年，与"一带一路"共建国家和地区贸易额增长31.8%；实际使用外资增长6.1%，出口增长27.7%，首次突破1万亿元人民币，货物贸易规模创历史新高。自贸区累计推出实施18批515项创新举措，探索实施自由港政策，拓展国际贸易单一窗口，获批新型离岸国际贸易试点，海产品交易等平台规模全国领先。

临海工业高质量发展，成为壮大海洋经济的新增长极。建成具有全球影响力的宁德、福州、漳州等不锈钢产业集群，形成湄洲湾、古雷、江阴和可门等石化产业集聚区，培育福州、宁德、厦门等海洋工程装备制造业基地，打造闽江口、三都澳、厦漳湾等船舶修造产业基地，建设江阴等海上先进风电装备园区，推动临港工业临海工业集约化发展。

海洋资源丰富神奇，成为发展海上福建蓝色旅游的新优势。鼓浪屿、东山岛、湄洲岛、惠屿岛、嵛山岛、火山岛等海岛风光旖旎，三都澳、坛南湾、晋江围头湾、崇武至秀涂海岸线、漳浦翡翠湾、莆田后海等滨海旅游魅力无穷。

海洋碳汇潜力巨大，成为拓展碳中和、碳达峰的新空间。加快建设厦门大学碳中和创新研究中心，漳州成立全国首个蓝碳司法保护与生态治理研究中心，厦门成立全国首个海洋碳汇交易服务平台，连江完成全国首宗海洋渔业碳汇交易，开展海水养殖增汇、滨海湿地和红树林增汇、海洋微生物增汇等试点工程，不断提高海洋固碳增汇能力。

闽港澳经贸合作"并船出海"，成为融入和服务双循环的新平台。2021年，全省实际利用港澳资283.5亿元人民币，闽港澳进出口贸易总额484.7亿元人民币，香港仍是福建第一大外资来源地；福建共为7.29万余名港澳同胞办理港澳居民居住证，港澳同胞在闽工作生活更便利，教科文合作和青少年交流更加深入。

可门电厂（郭军　摄）

建设台胞台企登陆第一家园，探索海峡两岸融合发展新路。以通促融，推动应通尽通，近年新增台资企业数持续位居大陆前列，农业利用台资项目数和实际到资规模保持大陆首位，2021年闽台贸易额逆势增长26.1%，首次突破千亿元人民币。以惠促融，落实惠台利民政策，率先公布第一批225项同等待遇政策，来闽实习就业创业台湾青年累计超4万人。以情促融，深化民间交流，海峡论坛连续成功举办，海峡青年节等品牌效应继续放大。

二、美丽的海岛明珠

福建是海洋大省，海域面积13.6万平方千米，比陆域面积还大。全省有海岛2214个，数量居全国第二。面积100～2500平方千米的大岛有4个，分别是海坛岛、东山岛、厦门岛和金门岛。面积在5～100平方千米的中岛，全省有20多个，均为有居民的海岛。就全国来说，除了台湾和海南，其他省市的岛屿基本上是大岛少、小岛多，而福建省岛屿面积集中分布于大、中型岛，成为福建岛屿的一大优势。

星罗棋布的岛屿蕴藏着福建独特的旅游资源。在这片广阔浩渺的海域上，许多岛礁都拥有独特的自然生态景观和地质景观，有些还拥有各种人文景观。这些岛屿也许没有北方的粗犷，或海南的椰风，却自有其迷人的味道。如宁德的海岛，以海鲜和草场最为惊艳；平潭的海岛，海蚀地貌甲天下；厦门的海岛，海在城中、城在海中，风情又文艺；莆田的海岛，自是仙气满溢的人间福地；福州的海岛，似乎有讲不完的动人故事；漳州和泉州的海岛，那沙滩和浓浓的闽南风情，令人心醉、流连忘返。

平潭主岛——海坛岛

海坛岛，福建省第一大岛，全国第五大岛，拥有126个岛屿和702个礁岩环布四周。由于全岛山地与平原相间，外形轮廓似"坛"，亭亭玉立于海，于是取名为"海坛岛"。总面积267.13平方千米，是全国十大岛屿中与台湾岛距离最近的一个。岸线曲折，全长204.5千米。全岛最高峰为君山插云峰。

平潭属于多岛屿、多岩礁、多港湾、丘陵与平原相间的地貌类型，在经年的地质运动和海水侵蚀、风沙磨蚀中铸就出参差不齐、形态各异的独特海蚀地貌。大小岛礁上，海蚀崖、海蚀洞、海蚀穴、海蚀阶地等星罗棋布，花岗岩体形成的奇岩怪石群以其"奇趣"吸引着无数游人，被专家誉为海蚀地貌博物馆。

作为平潭主岛的海坛岛，1994年被国务院确定为国家重点风景名胜区，2006

年1月被列入国家自然遗产名录。岛内象形山石千姿百态，峭壁礁岩雄奇险峻。拟人状物的象形山石约有100多个，集中分布在南寨山、三十六脚湖畔、敖东乡。主要景观有"半洋石帆"（石牌洋）、"海坛天神"、巨型海蚀竖井"仙人井"、残余的海蚀平台"石人潭"等。"半洋石帆"亦称"双帆石"，位于苏澳镇西侧海面上，底部是一组平坦完整的礁石，上有两个由粗粒灰白色花岗岩组成的巨大石柱。二石相距12.1米，高者约33米，矮者15米，呈长方体。远远望过去像一艘帆船，寓意一帆风顺。据地质学家考证，这是世界上最大的花岗岩球状风化海蚀柱，被专家称为"垄断性的世界级旅游资源"。"海坛天神"形如仰面而躺的石人，体积大约是乐山大佛的四倍，头枕沙滩，足伸南海。右手五指都依稀可辨。如此巨大的球状风化造型也实属罕见。海坛岛还拥有福建省最大的天然淡水湖——三十六脚湖，它原是海坛湾的一部分，因海沙淤积为坝，拦海成湖（泻湖），后经长期淡化便成为淡水湖，面积2.1平方千米。环湖海蚀地貌十分发育，象形景点随处可见，湖光山色，风景绮丽。海坛岛还拥有两个主要海湾，海坛湾和坛南湾。海坛湾位于海坛岛东侧，东临台湾海峡，因海湾伸入海坛岛腹部而得名；坛南湾则位于台湾海峡西侧，海坛岛东南，故名，著名的观音澳港即在湾内。

平潭石牌洋（林映树　摄）

2020年7月28日，福（州）平（潭）铁路全线铺轨贯通

2016年8月，国务院批复《平潭国际旅游岛建设方案》，平潭成为继海南之后获批的中国第二个国际旅游岛。依托丰富的海岛资源，平潭国际旅游岛建设蒸蒸日上，已引进了国际海岛论坛、博览会、"海洋杯"国际自行车赛三大盛会并形成长效品牌；成功举办了国际帆船赛、公开水域挑战赛、沙滩排球赛、风筝冲浪、潜水等海上运动赛事；积极推进休闲海钓示范基地、离岛度假、邮轮码头和无居民海岛开发等项目。公铁两用大桥、海峡大桥、高速铁路、京台高速公路通达岛上。

美丽蝶岛——东山岛

东山县位于福建省东南部，东海与南海交汇处，是全国第六、福建省第二大海岛县，土地面积248.87平方千米，海域面积约1845.72平方千米，由东山岛和周边75个岛礁组成。东山岛因形似展翅蝴蝶，故有蝶岛之称。岸线曲折，总长162千米，港湾多，滩涂海域面积辽阔。众所周知，东山是谷文昌精神发祥地。20世纪50年

东山金銮湾：拉山网（刘汉添　摄）

代，东山岛人民在谷文昌的带领下，通过造林绿化建成"东海绿洲"，猖獗千百年的风沙旱潮灾害得到控制，海岛生态环境根本改善，呈现生机勃勃的发展态势。

　　今日的东山岛，已发展为一座极具魅力的旅游海岛。这里春日煦暖，夏无酷暑，秋爽偏燥，冬无严寒，自然和人文景观资源十分丰富，发展高端滨海生态旅游得天独厚。东山岛东南沿岸有南门湾、屿南湾、马銮湾、金銮湾、乌礁湾、澳角湾、宫前湾等七个海湾，它们呈月牙形，首尾相接，绵延30多千米，都是沙滩洁净、林带绵延、阳光绚丽、海水蔚蓝，具有优美的亚热带海滨风光。东门屿等离岛星罗棋布，各具特色。海岸边众多礁石也由于时光雕刻、沐风栉雨的地质构造变化，形成形态多姿、惟妙惟肖、雄险奇幻的海蚀岩和洞穴，个个自然造化、神韵天成。古城铜山的风动石驰名中外。风动石位于铜山古城东门北侧石崖上，其奇妙之处就在于它前后左右重量平衡极佳，海风劲吹之时，石体左右晃动，但倾斜到一定角度就不会再动了，故称风动石。石为花岗岩石质，重约200吨，与地面接触面仅几寸见方，正可观其伟，侧可观其奇，背可观其险，被誉为"天下第一奇石"，被载入《中国地理之最》等辞书。石体正面，还有明武英殿大学士黄道周等人所题"铜山风动石"大字，笔力雄浑遒劲。

东山历史文化底蕴深厚。铜山古城始建于明洪武二十年（1387年），东、南、北三面临海，西面直达九仙顶，因依傍铜钵、东山两个村庄，故各取一字名之。城墙为花岗石砌成，东西南北各有城门，为环山临海的水寨。明嘉靖二十二年（1543年），戚继光在此全歼倭寇；崇祯六年（1633年），巡按路振飞、大帅徐一鸣在铜山海面两次击败荷兰东印度舰队；隆武二年（1646年），郑成功以此为抗清根据地之一，训练水师，收复台湾；清康熙二十二年（1683年），福建水师提督施琅从铜山港和宫前港起航东征，统一台湾。此外，东山岛上还有关帝庙、天后宫、黄石斋读书处等名胜古迹，以及"东山陆桥""南岛语族"等一批史前遗存和特色资源。东山县每年举办的海峡两岸关帝文化旅游节已经成为连接海峡两岸民间文化交流的重要纽带。

魅力鹭岛——厦门岛

厦门位于台湾海峡西岸、闽南三角区域中心，海域面积390平方千米，分布有海岛30余个。其中，厦门岛位于厦门市域的南端，九龙江出海口的厦门湾内，略呈菱形，海岸线长约66.3千米，土地面积157.98平方千米（含鼓浪屿）。最高峰为洪济山云顶岩，海拔339.6米。相传因岛屿地处九龙江口下方，名"下门"，谐音雅化为"厦门"而得名。又因古时岛上产有一茎多穗的稻禾，故古称"嘉禾屿"，而岛上也常有白鹭成群栖息，因此别称"鹭岛"，厦门与鼓浪屿之间的海峡也称为鹭江。1955年，厦门岛在兴建高集海堤时与大陆相连而成为陆连岛。杏林湾和马銮湾切入九龙江北岸的沿海部分，形成了集美、杏林、海沧三个小半岛。

厦门历史上曾是我国五口通商口岸之一，是著名侨乡和闽南海外华侨进出门户，也是我国最早的四个经济特区之一。随着西方文化传入，中外经济文化相互融会，从而在此形成了具有闽南特色、中西融合现代化的独特旅游文化。改革开放后，尤其是近年来厦门逐步发展为文化中心、艺术之城、音乐之岛和世界一流旅游休闲城市。岛内拥有诸多知名景点，如鼓浪屿、万石岩、南普陀寺、胡里山

厦门岛——鼓浪屿全景略图 （董复东　摄）

炮台、环岛路和海上游览线等。

　　万石山位于厦门岛南部，面积32.96平方千米，1988年被确定为国家级风景名胜区。该游览区怪石遍布，林木繁茂，是一个以反映南亚热带植物景观、花岗岩景观为主，具有厦门历史文化特色的名胜游览区。主要景点包括万石岩、中岩、厦门园林植物园及中山公园等。南普陀寺位于厦门岛南部五老峰下，始建于唐代，为闽南佛教圣地之一，也是闽南佛学院所在地，在海内外均有很大影响。寺后五峰屏立，松竹翠郁，岩壑幽美，号"五老凌霄"，是厦门大八景之一。胡里山炮台位于厦门大学胡里山海边。因特定的地理位置，厦门岛在明清时期已被视为八闽屏障。清光绪十七年（1891年），福建水师提督彭楚汉会同闽浙总督卞宝第题奏获准建造胡里山炮台，继任总督杨岐珍于光绪二十二年完成炮台建设。该炮台与厦门岛对岸的龙海屿仔尾炮台互为犄角，控制厦门港口，是清末厦门要塞的主炮台，在抗击外来侵略的斗争中曾发挥过重要作用。胡里山炮台景点完整地保留了始建时期的布局，1984年由驻军移交地方政府并开辟为旅游点，2000年被列为厦门二十名景之一。环岛路是厦门环海风景旅游干道之一，全程43千米，也

是厦门马拉松赛的主赛道，被誉为世界最美的马拉松赛道。海上游览线从厦门轮渡码头起航，环绕鼓浪屿，然后向东往大担、大小金门诸岛方向航游，可饱览厦鼓两岸多彩多姿的风光及厦门港繁忙的景象，也可欣赏不同海岛的奇异景观。

厦门白鹭洲新姿（王火炎　摄）

海上花园——鼓浪屿

鼓浪屿位于厦门西南隅，隔着约700米宽的鹭江与厦门岛相望，地理位置极佳。宋元时称园洲仔、园沙洲。小岛西南角有两块相叠的岩石，长年受海水侵蚀，中间形成一个空洞，每逢涨潮，波浪撞击岩石，发出如鼓的涛声，人称"鼓浪石"，明朝时因而改称鼓浪屿。鼓浪屿长约1800米，宽约1000米，面积约1.88平方千米，砂岸岩岸交错，海水浴场依次邻接。全岛中西式建筑、街道依山而筑，忽高忽低，曲折盘旋，树木繁茂，空气清新，鲜花竞放，素有"海上花园"之称。鼓浪屿还有别称"音乐之岛"。20世纪50年代，这里就拥有500多架钢琴，培育出许多著名的音乐家，如钢琴演奏家殷承宗、钢琴教育家李嘉禄、小提琴演奏家许斐尼、指挥家陈佐湟、"中国第一个声乐女指挥"周淑安等。海滩、鲜花、音乐和形态各异的建筑园林，在鼓浪屿交织出独有的神韵。鼓浪屿先后获得

鼓浪屿全景图（董复东 摄）

国家AAAAA级旅游景区、全国重点文物保护单位、中国最美五大城区等美称。在第41届世界遗产大会上，"鼓浪屿：历史国际社区"被列入世界文化遗产名录，成为中国第52项世界遗产项目。

鼓浪屿景点十分丰富，主要有：日光岩，又称"晃岩"，一块直径40多米的巨石凌空独立在鼓浪屿中部偏南的龙头山顶端，海拔92.68米，为岛上最高点。相传清顺治四年（1647年），郑成功来到晃岩下，看到这里的景色远胜日本的日光山，便把"晃"字拆开，称之为"日光岩"，山腰的莲花庵也因之称为"日光寺"。登上日光岩顶，秀丽的山光水色和波涛起伏中的岛屿尽收眼底。郑成功纪念馆，在日光岩北麓，于1962年2月1日纪念郑成功收复台湾300周年时设立，较为系统地展示了郑成功的生平事迹，其中又以他收复和开发台湾为重点。菽庄花园，建于民国二年（1913年），在日光岩下港仔后海滨浴场旁，是园主人林尔嘉用他的字叔臧的谐音命名的。该园利用天然地形，借山藏海，巧为布局，园中有园，景中有景。观海园，毗邻菽庄花园，印尼华侨黄奕住在此筑堤砌岸，填海扩地，建观海台，因观海最佳，故名观海园。皓月园，名字取自《延平二王集》中郑成功"思君寝不寐，皓月透素帏"之句。1990年9月建成，占地3万平方米，充满海滨园林韵味。园内覆鼎岩向海中延伸30米，与海中的剑石、印斗石鼎足而立，地形险峻。建成于1985年8月的郑成功巨型雕像耸立在覆鼎岩上，雕像高15.7米，重1617吨，由23层、625块"泉州白"花岗岩石精雕组合而成。毓园，在鼓浪屿东部的复兴路，1984年5月为纪念林巧稚而建。钢琴博物馆，位于菽庄花园的"听涛轩"，是展示世界各国名古钢琴的专业博物馆，并开办世界钢琴音乐资料展、鼓浪屿音乐名人成就展，举办演奏会及中外钢琴音乐文化交流活动等。八卦楼（风琴博物馆），由台湾富绅林鹤寿始建于清光绪三十三年（1907年），1987年厦门市政府按原样重修，因楼顶层平面为八边形，圆形穹顶亦作八棱状而得名，2005年作为风琴博物馆正式开放。

海上仙洲——金门岛

金门岛（属泉州金门县，待统一）地处厦门湾口，西距厦门约18海里，岛屿面积133.43平方千米，岸线长95.1千米。东西长约20千米，南北最长处约15.5千米，中部狭窄处仅3千米，状如仙人卧睡，遂俗称"仙人倒地"。明朝诗人曹学佺有诗曰："浯洲断屿入海水，仙人倒地卧不起。"金门岛四面环海，海岸弯曲、坡度和缓，环岛岸线上有30余处港湾，是停泊船只、舰艇的好去处。

金门岛人文历史悠久，早在五胡乱华时期，就有人到岛上开垦种地。东晋时期，由于中原战乱不安，有苏、陈、吴、蔡、吕、颜六姓难民逃到金门岛定居，成了金门岛首批居民。到唐朝时，金门岛设为牧马区，朝廷派往金门岛的牧马监陈渊，率领十二姓氏牧马人屯居金门岛，并广兴水利。金门岛因此人口繁衍生息，日渐繁盛。到宋朝，大儒朱熹曾在金门讲学，金门文风鼎盛。元朝时，金门开辟盐场。明朝筑城设寨以防倭寇，设立千户侯。明末，郑成功在金门岛建立军事基地，从此开始了北伐南京、东征台湾的事业。南明永历十五年（1661年），郑成功的军队由金门岛料罗湾码头出发，收复台湾。

20世纪五六十年代，两岸关系紧张，有时互相炮击，于是金门岛变得萧条。20世纪80年代后，两岸关系缓和，经贸发展迅猛，金门岛又迅速繁荣起来。新厦林立，楼宇毗连，街道纵横交错，游客大增，逐步兴盛，并发展成为旅游观光的好地方。乾隆《泉州府志》即有载："上有太武山，山有十二胜"，即：太武岩、玉几案、醮月池、眠云石、偃盖松、跨鳌石、石门关、古石室、蟹眼泉、倒影塔、千丈壁和一览亭。现存古迹主要有：陈渊牧马侯祠、朱熹的"燕南书院""汉影云根"崖刻、周德兴"文台宝塔"、俞大猷"啸卧亭"、郑成功"延平帅府"、洪受"榕园"和王家村等。还有现代军事设施翟山战备坑道和琼林地下坑道，以及金沙江与银沙江古河道、鼓岗湖等景观。

如今，一踏上金门码头，便能看到周边海堤上昔日留下的遍布的水泥支架，隐蔽在山坡树丛中的工事和坑道口偶还可见，一些碉堡、战车、战机、大炮仍摆放在公园内。在古宁头上，排列着48个直径1米多的巨型喇叭。所有这些都构成了金门特殊的景观和战地风光。全岛还遍布彰显闽南文化和格局的建筑物，以及富有东南亚情调的洋楼建筑群，配上随处可见的郁郁葱葱、美丽如画的园林，以及洁白的海滩、醉人的海风和古朴的民俗，使来岛上游玩的旅客心旷神怡、流连忘返。

闽江口的明珠——琅岐岛

琅岐岛位于闽江入口处，福州市马尾区东北部，西、北、南三面临江，东面濒海，与马祖列岛隔海相望，是闽江的门户，被称作闽江口的明珠。全岛面积92平方千米，其中陆地面积55平方千米，滩涂面积37平方千米，海岸线长40余千米。平原面积在福建岛屿中所占比重最大。琅岐岛为中亚热带季风气候，年平均气温19℃，四季分明，风光秀丽，自然条件优越。东海滩细砂柔软，海水洁净。岛上人文荟萃，名胜古迹众多。现有古刹四座（白云寺、天竺寺、天安寺、南山寺），有古庙宇、古宗祠、古炮台、名人古墓葬40余处。其中，位于院前村山岭的清福院，是岛上唐宋时期的"上三院"之一，今已重修一新。"白云观日台"为闽江口奇景。白云山，高约300米，在白云寺过50米的地方新建"观日台"。台高8米，长20米，宽5米，全用方整的白色花岗石砌垒而成。登台临海，闽江口数百里山川尽收眼底。

2019年，琅岐对台客运码头建成投用，"两马"航线距离大大缩短，有力改善了两岸交流口岸条件，进一步推动海峡两岸经济、文化深入交流，服务琅岐基础设施建设和自贸区产业发展。琅岐对台客运码头也成为打造琅岐国际旅游生态岛的地标式建筑。琅岐岛水产业、种植业、畜禽业较发达，观光采摘农庄、农

琅岐岛全景图（马尾区融媒体中心　供）

牧场数量众多，是福州市的葡萄主产区之一，也是福州市重要的瓜果蔬菜供应基地，2021年被确立为福州市的果蔬生产中心。当今琅岐岛围绕打造以田园风光为特色的旅游休闲岛，充分依托产业优势，精心开发的采摘之旅、滨海之旅、休闲之旅渐成品牌，日益成熟。

鱼米之乡——紫泥岛

紫泥岛位于九龙江口西部，隶属漳州龙海区，为镇级有居民海岛。紫泥岛由浒茂洲和乌礁洲两个沙洲组成，处于九龙江三港（南港、中港、北港）之中。政府驻地在浒茂洲，距龙海市区约3千米。浒茂、乌礁两沙洲在千年前浮现泥滩，宋代才有零星居民，史称"海洋上里"。因当时滩涂呈紫褐色，故名紫泥岛。1980年兴建的乌礁红旗渠将浒茂与乌礁两洲相连。1982年建成的北溪公路水闸桥，由南北两桥组成。两桥间建一条通航水闸，可通过百吨以下船只，是紫泥的交通咽喉。此后，紫泥岛成为陆连岛。岛上地势平坦，港道交错，水系成网。

九龙江北溪龙海流域（龙海区水利局　供）

紫泥岛土质松软，水利灌溉方便，气候条件优越，全岛土地利用率和垦殖率较高，居全省海岛前列。自1960年起，紫泥岛周围开始进行较大规模筑堤护岸，主要用于防洪。同时在海岛东部开始有较大规模的围垦，后成为龙海市的主要养殖基地。

1992年和1998年建成的中港大桥、锦江大桥，把浒茂、乌礁、石码三地连成一体，结束了紫泥数百年舟渡的历史，成为紫泥标志性的景观：贯通两岛的乌礁、浒茂穿岛水泥公路与村级公路相配套，形成覆盖全镇的陆路交通网络。2008年4月北港大桥建成通车，打通了紫泥第二条对外陆路通道，与中港大桥、锦江大桥构成龙海中部南北通道，连接角美镇，使紫泥镇融入"厦门半小时经济圈"。

原生态海岛——南日岛

南日岛，古名南匿山，位于莆田市东部，兴化湾和平海湾交汇处，为莆田第一大岛，扼兴化湾要冲，北望野马屿，南望平海半岛，东为台湾海峡，西距埭头镇石城7海里，距台湾新竹港72.89海里。南日岛为南日群岛的主岛，地形呈哑铃状，陆域面积56平方千米，环岛海岸线总长66.4千米。有大小岛礁111个，面积在0.1平方千米以上的有18个，素有"十八列岛"之称。

南日岛最高的山峰是九重山。因其周围2千米之内有9座山峰，层层叠起，因此得名。至今，山顶上仍保留着一些军事设施，如城堡、瞭望塔、水塔和地下隧道。岛上还存有商周文化遗址。"大峤吐烟""尖山望远"则是岛上的两处胜景。大峤山海拔166米，春夏时山上云烟缭绕；尖山海拔100米，天晴登顶则依稀可见台湾。

南日岛海域风力资源非常丰富，全年4级风以上时间达300天以上，可开发利用价值很高。2014年1月，位于南日岛东侧海域，规划总装机容量为60万千瓦的南

南日岛

日海上风电项目动工开建，成为福建省首个开建的海上风电项目。经过多年的建设，如今，全岛遍布风轮，成为南日岛一道美丽的风景线。

南日岛历史上有"鲍鱼岛"之称。这里水质清新、水温适中，独特的自然环境使出产的南日鲍细嫩鲜美，富含营养物质，以接近野生的绿色品质而深受国内外消费者欢迎。2004年，南日岛海域获评"福建省无公害水产品产地"；2007年，国家质检总局发布公告批准对南日鲍鱼实施标志产品保护，成为莆田市首个获得地理标志保护的产品；2010年11月，南日鲍获批"福建省著名商标"；2012年12月，南日鲍获得"中国驰名商标"称号。多年来，依托着丰富的海洋资源，南日岛充分发展各类海水养殖。2018年，南日岛海水养殖产量达17.9万吨，渔业总产值32.54亿元。2018年12月，南日岛海域国家级海洋牧场示范区入选第四批国家级海洋牧场示范区。

妈祖圣地——湄洲岛

湄洲岛是海峡女神妈祖的故乡，也是妈祖文化的发祥地（世界妈祖海神的祖庙），享有"妈祖圣地，海上明珠"的美誉。湄洲岛位于莆田市南部海面，距莆田市中心约42千米，为湄洲湾的门户，以形状细而长，秀如眉宇而得名。岛南北长9.6千米，东西宽1.3千米，陆域面积14.35平方千米，地势平缓，气候温和。海岸线长30.4千米，分布着13处优质沙滩、5千米长的海蚀地貌和1万多亩防护林、红树林，周围还有岛礁30多个。岛上怪石林立，中部有天然淡水湖，岛外则烟波浩渺，形成水中有山、山外有海，山海相连，海天一色的奇特自然景观。

妈祖祖庙建于湄洲岛北端，为全国重点文物保护单位。分为祖庙（西轴线）、天后新殿建筑群、妈祖文化园三大体系。祖庙（西轴线）始建于北宋雍熙四年（987年），后经多次扩建，成为拥有5组建筑群、16座殿堂楼阁、99间斋舍客房的大型庙宇。庙宇依山而建，鳞次栉比，错落有致，雕梁画栋，金碧辉煌。沿着庙前路拾级而上，气势磅礴的山门，红阁飞檐的钟鼓楼，熠熠生辉的妈祖庙正殿堂，依次映入眼帘。殿内供奉的妈祖神像据传是明代雕像，大小与真人相仿，端坐莲台之上。祖庙后，峰峦起伏，怪石嶙峋，有一块比庙宇还高的大石崖，上刻"升天古迹"四大字，传说妈祖在此羽化升天。还有一块大石崖上刻"观澜"两大字，为明代南日寨中军秦邦锜所书。站在"观澜"石上，远望茫茫大海，山海相衔，海天相接，颇为壮观。岛上还矗立着一座为纪念妈祖羽化升天1000周年而建的妈祖石雕巨像，用365块花岗石雕成，寓意妈祖一年365天都在保佑世人平安吉祥。

湄洲岛2020年被评为国家AAAAA级旅游景区。2009年9月30日，妈祖信俗被联合国教科文组织正式列入人类非物质文化遗产，成为中国首个信俗类世界遗产。岛上具有代表性的景观还有30多处，如湄屿潮音、黄金沙滩、鹅尾山（神石公园）、莲池澳、日纹坑、牛头尾等。湄屿潮音胜景形成于南岸上岩性相对较

湄洲岛妈祖像（蔡昊　摄）

软的辉绿岩，长期受海涛冲蚀，形成天然凹槽，随着潮汐吞吐，富有节奏的声响由远而近，初似管弦细响，继如钟鼓齐鸣，再若龙吟虎啸，终则巨雷震天、骤雨泻地，动人心魄。鹅尾山上存有1亿3千万年前的海蚀岩，山岩上有"海龟朝圣""情侣蛙""飞载洞""鲤鱼十八节""海门""妈祖书库""龙洞听潮"等景观。

醉美嵛山岛

嵛山列岛位于闽东北海域，由大嵛山、小嵛山等22个大小海岛组成。古时称福瑶列岛，意即"福地、美玉"，素有"海上明珠"之称。大嵛山为其主岛，位于里山湾东南侧，直径5千米，面积21.22平方千米，为闽东第一大岛。岛上多为

福鼎嵛山岛——湖海相依（陈兴华　摄）

花岗岩、火山岩构成的丘陵，最高点红纪洞山海拔541.4米，为全省仅有的海拔高于500米的山峰，岛上超过400～500米以上的山峰几乎都是侏罗纪南园组火山岩，山势十分雄伟。

嵛山岛风光旖旎，景观奇美。2013年就被列为福建省重点创建的5个生态旅游岛屿之一。2005年10月，由《中国国家地理》杂志社发起的"选美中国——中国最美的地方大型评选活动"中，"山、湖、草、海在此浓缩"的大嵛山岛被评为"中国最美的十大海岛"之一。从此，这个长年隐匿于东南海域的岛屿开始声名远播，并成为宁德世界地质公园太姥山景区"山海川岛"风景带中"岛"的核心景区。2020年，在"清新福建·气候福地"认定中，嵛山岛被认定为首批福建省滨海休闲度假福地之一。

在大嵛山岛上，特殊的地势地貌造就了山间400多米高处的两个淡水湖——"大天湖""小天湖"，为中国东南海岛上少有的高山淡水湖。大天湖面积近千亩，可泛舟畅游；小天湖200多亩。两湖相隔1000多米，各有泉眼，常年不竭。湖水清澈，水质甜美，为地下涌泉形成，周围树木葱郁，万亩草甸绿色如茵。蓝天、白云、青山、碧水、丽日、明月以及周围的山峰峻岭倒映入湖中，构成了美丽的"天湖泛影"景观，也造就了峿山岛最大的特点——岛在海中央，草在岛中央，湖在草中央。岛上还有南国天山、海角晴空、大使沙洲、月亮湾、红纪洞、古寨岩、天湖寺等各具特色的美丽景点。特别是岛上最大溪流跳水涧一处，别具风格，景点尤为集中，有明月潭、仙人坡、大使宫、白鹿坑、白莲飞瀑、大象岩、小桃源沙洲等。跳水涧所形成的沙洲，在风力作用下，塑造成千种美丽的花纹图案。而且依托风向、水势的变化而变化，日新月异，形成了"沙滩奇纹"胜景。大使澳则有成片的金黄色沙滩，滩面平坦，其上有"白莲飞瀑"淡水汇入，为理想的海滨浴场。

乘舟环岛而行，沿着30余千米的海岸线，便是礁石纷呈、参差错落、嶙峋峻峭的岛链景观。有金猴观日、千层岩、蛟龙出海、五叠石等众多奇形怪状的岩石景点。还可观看百鸟翔集的鸟岛。鸟岛面积仅0.5平方千米，海拔不足百米，岛上植被茂密，栖息着成千上万只海鸥和其他候鸟，乍起乍落，十分壮观。

漳浦火山岛

漳州市漳浦县枕山濒海，绵延267千米海岸线和27个海湾，上百个大小岛礁星罗棋布、气象万千。漳州滨海火山地质公园位于龙海市和漳浦县滨海地带，主要由漳浦的香山区、林进屿火山岛、南碇火山岛和龙海的牛头山古火山口四大景区组成。这里有1700万年前海底火山喷发后留下的遗迹和后期风化侵蚀的地形地貌景观，保留有完整的椭圆形海底古火山口，潮涨即隐，潮落即现，是一座典型的海洋地貌的火山公园。2001年，漳州滨海火山地质公园入选首批国家地质公园。2007年，由三山（香山、烟楼山和鱼鳞石山）、三岛（林进屿、南碇岛和整美半

火山口"海底兵马俑"（龙海区委党史方志室　供）

岛）、三湾（崎沙湾、江口湾和后蔡湾）组成的火山岛自然生态风景区被评为
AAAA级旅游景区，列入福建十大旅游品牌。

　　林进屿火山岛海拔72.7米，形成于2000多万年前的古火山口，由新生代陆
地间断性多次火山喷发形成。多达16处不同规模的古火山口无根火山气孔群和
几千平方米的铆钉状气孔柱群，以及海蚀熔岩湖、熔岩洞等，构成了国内罕见
的古火山岛景观。南碇火山岛是一座椭球形的火山岛，离海岸约6.5千米，海拔
51.5米。南碇岛上大片的悬崖峭壁，全由高高悬挂的约140万根墨绿色玄武岩石
柱组成，石柱高于海平面20～50米，密集排列的石柱就像凝固的瀑布，又如梳
理整齐的黛丝，自崖顶直插入海，雄伟壮观，令人叹为观止，堪称世界自然奇
观。2005年，林进屿与南碇岛一起被《中国国家地理》评为中国最美十大海岛
之一。2013年，林进屿与南碇岛从全国7000多个海岛中脱颖而出，入选中国海
洋宝岛榜。

漳浦火山岛风景区还配备有旅游休闲度假区，位于前亭镇崎沙村，这里气候条件优越、交通区位明显，是游客来火山岛观光旅游、休闲度假、海上娱乐、科普教育的好去处。2018年，火山岛露营公园获评省级露营公园。近年来，漳浦火山岛景区充分利用其自然资源优势和品牌效应，不断完善配套设施，打造出诸多知名网红景点，如热气球、彩色巴士、天空之镜、棉花糖、大地景观艺术鸟巢等。同时，在原地质博物馆基础上扩建的纪念碑谷迷宫和火山岛彩虹山、泡泡森林等新热点，更是成为年轻游客的打卡胜地。

连江粗芦岛

粗芦岛位于闽江口入海处，东濒大海，远眺马祖列岛，西隔闽江与大陆对峙，周边岛屿星罗棋布，形成福州天然屏障。粗芦岛自明代便有开发，据《连江县志》记载：古时，该岛岸边多长芦苇，粗大如碗，因之而得名。岛屿面积约

连江粗芦岛

14.4平方千米，海岸线长22.6千米，今有7个自然村，居民过万。岛上建有环岛路等多条交通路网，并经由粗芦岛大桥、粗芦岛二桥，通达内陆。粗芦岛历史文化丰厚，名胜古迹众多，秀丽的海滨风光，丰富的水产资源，神奇美丽的传说，都使这里成为人们休闲度假的胜地。主要景点有五虎守门、锁风隘口、天后宫、瞭望塔、妈祖庙、九龙山仙君寺等。

位于闽江口的五虎门，是屹立于江中状如5只猛虎的礁岩，俗称五虎守门，是海船进入福州港的必经之路。这5只基座相连的"猛虎"中靠东北端一虎，上座白瓷土，呈灰白色，人称"白虎"；中间一虎，翘首回望青芝山虎洞，似在眷恋山上的巢穴，人称回头虎。另一虎直视海上，一虎回顾内江，从正面望去，真是巧合天工，形态逼真。传说这五虎与附近的白犬争强斗胜，使附近江面不得安宁，后被观音菩萨点化为礁岩，而白犬也化为长乐市的白犬列岛。从此以后，它们便齐心协力守护闽江口。

连江川石岛

川石岛是闽江口第三大岛，扼闽江主航道咽喉，与马祖列岛仅一水之隔，面积约3.1平方千米。郑和下西洋时曾在此停泊船队。相传，川石岛上有一处岩洞南北相通并可行舟，方言"穿"与"川"谐音，因此取名为"川石"，由于其形似芭蕉，又名芭蕉岛。

川石岛广为人知的是其曾作为日军受降地点。1945年8月15日，日本宣布无条件投降。第三战区司令长官顾祝同接到蒋介石电令，当即下令福州警备司令部担负受降任务，海军闽江江防司令部协助。受降地点选定在川石岛。16日上午8时，受降仪式在川石岛广坪操场上举行。

早在19世纪，英、美、日、法等国就在川石岛上建有别墅群、大东电报局、海洋气象站、美以美教堂等，构成了川石岛众多的历史古迹。当然，在这里，游

连江川石岛

客不仅可探访遗址遗迹，还可体验独特的海滨风光，如观赏川石日出，远眺马祖列岛，近观闽江胜景，逐涛戏浪、出海捕鱼、沙滩拾贝，尽享海岛乐趣。

连江黄岐半岛

黄岐半岛位于福建东部海岸，连江县的最东边，向东北伸入罗源湾与定海湾、黄岐湾之间。黄岐镇是黄岐半岛的重镇，历史悠久，自古以来就是福建重要的海上交通枢纽和商贸繁华的渔区，拥有丰富的自然和人文景观。这里海域辽阔，山水相依，风光宜人，海景美不胜收。"后沙"冲浪是一处天然的游泳冲浪

黄岐国家中心渔港

胜地，位于黄岐镇北面一处长约300米的沙滩上，坡缓沙软、海水清澈。观音阁，始建于明朝，位于黄岐凤穴的"凤心"地段，倚山面海，几经沧桑，至今仍壮观肃穆。望乡亭位于黄岐镇西南方，由台胞捐资建造。亭背山临海，亭下浪涛翻滚，人在亭内，凭窗眺望东海，马祖列岛尽收眼底。仙人招手岩是黄岐山前公路左侧一块酷似手掌的巨石，高约15米，宽5米，四方无依，上大下小，悬立在一块磐石上，远望犹如一个仙人的巨掌在打招呼，十分奇特。黄岐还有鸡母坛、抗倭城墙遗址等诸多景点和游海神灯等民俗。

居住在黄岐的人大多以渔业为生，海面上成片的渔船也成了一道独特的风景线，而这里的海鲜味道鲜美，饮食文化也独具特色。突出的渔业资源优势更使黄岐半岛成为国家级鲍鱼健康养殖标准化示范区。

马祖列岛

马祖列岛（属福州市连江县，待统一），主要由南竿塘岛、北竿塘岛、高登岛、大丘岛、小丘岛、东莒岛、西莒岛、东引岛、西引岛等及其附属岛礁组成，呈东北向规则排列，为闽江口天然屏障，海防要地。与黄岐半岛一衣带水，总面积29.6平方千米。最大主岛为马祖岛（南竿塘），位于闽江口外偏北15海里处，面积10.64平方千米。岛上林木葱郁，青翠宜人，昆阳亭、怀古亭、逸仙楼等亭台楼阁散布其间，还有妈祖庙等名胜，有"海上公园"之称。马祖列岛属亚热带海洋性气候，温差小，多大风。多为花岗岩组成的丘陵地貌，港湾较发育，有鹊石湾、白沙澳、马祖澳、曲蹄澳等。戚继光曾派军队驻马祖列岛，建烽火台监视海面。郑成功也以此作为收复台湾的练兵基地。

福清东壁岛

东壁岛位于福清市东部，福清湾南部，龙田镇东营村正东，因明代抗倭英雄戚继光视其为海疆东面的壁垒屏障，故称"东壁"。东壁岛面积2.64平方千米，海岸线长12.38千米，是集休闲度假、海上运动、民俗体验、海景美食、沙滩浴场等于一体的滨海旅游度假胜地。这里有神奇的"不老泉"，人称"死海"；有体现闽人远古"蛇"图腾崇拜的"九使信仰"；有孕育"神龙救人"美丽传说的海上沙坝；有被喻为通往神仙国度的"海上河"。登上九使山，便来到全岛最高处，可眺望四面大海，风景旖旎。九使山的神来之笔还在于随处可见的摩崖石刻，如同画龙点睛破壁而出，岩石因题刻而佳境顿现。日落时分，坐在观海亭或

美丽的东壁岛（王文同　摄）

站在岩石上，欣赏东壁落霞，看夕阳照映之下，晚霞染红天际与海面，偶尔驶过的渔船成为最美丽的点缀。在东壁岛，还可以参与水上运动等游乐项目，充分体验滨海旅游的特色和乐趣。

厦门火烧屿、宝珠屿

火烧屿又名"蛇屿"，位于厦门市西港中部海域，海沧大桥下，东距厦门岛550米，西距海沧276米，是西港中最大的岛屿。海岛呈朝向海沧的"山"字形，长900米，宽400米，面积0.27平方千米，海岸线长2740米。火烧屿为基岩岛，岛上的岩层呈现出如火烧过般的颜色，加上断层引起的小型褶曲发育，颇有观赏价值，被称为"厦门的地质博物馆"。岛上植被茂密翁郁，风光秀丽，还坐落有清代古墓，现已辟为生态旅游海岛，建设有"火烧屿生态乐园"。2008年建于岛上的厦门中华白海豚救助繁育中心，是集救助、科普、科研、生态旅游为一体的白海豚保护基地。

宝珠屿位于厦门西港北部海域中央，集美西海最末端。海岛近似呈圆形，直径约85米，因岛形状似龟，又称"金龟岛"，龟背为宝珠石，多海蚀地貌。岛中部建有4层高18米锥顶花岗岩圆柱塔，可沿石阶上攀，该塔是爱国华侨陈嘉庚儿子陈厥祥为纪念逝去的母亲而建。岛上还设有白海豚保护区界碑。远望去，宝珠屿绿荫拥簇，中央白塔耸立，在碧海蓝天的映衬下显得十分秀丽，不时有白鹭从林间飞过，更是增添了些许诗意。

宝珠屿

英雄三岛——大嶝岛、小嶝岛、角屿

大嶝岛位于厦门市翔安区东南海域，北距大陆约700米，东临围头湾，南与大小金门岛隔海相望，最近处仅1.8千米。从金门海面望向翔安大陆，大嶝岛看似登大陆的一大台阶，故名大嶝岛。大嶝岛面积约13平方千米，海岛坡度和缓，有坳谷和水塘。1992年，从大陆蔡厝至大嶝岛修筑一道引水海堤，并建海堤公路。从此，大嶝岛成为陆连岛。2000年，拆堤改建跨海桥梁，名"大嶝大桥"，成为进出大嶝岛的主要通道。大嶝岛东南端坐落着英雄三岛战地观光园，岛上的金门县政府旧址于2009年被列为省级重点文物保护单位。

小嶝岛位于厦门翔安南部海域，大嶝岛东侧约3千米，也称小嶝屿。西北距陆地约1.4千米，东临围头湾，南与金门岛隔海相望。小嶝岛因面积小于大嶝岛得名，海岛面积约0.9平方千米。炮击金门"八二三"炮战在岛上留下许多遗迹遗物，成为小嶝岛珍贵的红色旅游资源。

角屿位于围头湾西北部、大嶝岛东南侧海域，因其形似牛角而得名，面积约0.2平方千米，海岸线长3.6千米。角屿与金门岛一衣带水，最近点仅相距1800米。自1949年10月15日角屿解放以来，一代又一代的守岛官兵，凭着对祖国的忠诚，用青春和汗水戍守海防。

小金门岛

小金门岛（属泉州金门县，待统一）又称烈屿，位于厦门湾东部海域，西距厦门环岛路上的石胄头5.3千米，东距大金门岛1.8千米，是散布在金门岛周围岛屿中最大的一个，面积14.75平方千米，海岸线长23.1千米，最高海拔109米。小金门岛上的教育科技、医疗卫生等公共事业，均纳入金门县公共服务序列，与大金门岛同步发展。

小金门岛上历史文化资源丰富，因特殊的地理位置，这里拥有丰富的战地历史文化、战争遗迹及军事工事等。同时，富有闽南风格和东南亚情调的建筑群遍布全岛，都成为小金门旅游观光的独特资源。小金门岛上信仰文化根深蒂固，形成有村即有庙宇，甚至一村数庙的情形。当地也十分重视生态建设，推崇城市、农村伊甸园化、园林化，全岛绿化程度极高，到处郁郁葱葱，优越的生态环境更使这里成为鸟类的天堂。

龙海海门岛

海门岛位于九龙江口，因其位于江海交汇处，与南面大陆相对峙，为龙海进出门户，故名"海门岛"。海门岛原是3个紧挨着的岛屿，20世纪70年代，经围垦连环而成岛连岛，形成如今丘陵和海积平原相间的地貌景观。岛屿面积3.8平方千米，厦漳大桥贯穿而过，将其与厦门海沧和招商局漳州开发区连在一起。

海门岛历史上曾属海澄县。据《海澄县志》记载，由于明朝政府厉行海禁，关闭了泉州官商对外贸易大门，民间走私商人便选择漳州月港，对外开展贸易，月港逐渐发展成贸易商港。当时，漳州府所属各县，沿九龙江畔的居民出洋过番，大都顺流乘船至月港，再由海门岛扬帆出海，海门岛成为民间海商与西方远征船队开展交易的跳板。由于月港的繁荣富庶，引起海盗夷寇的觊觎。为了防御外夷与海寇的侵犯与骚扰，明政府在月港置城堡设防，派兵驻守。嘉靖四十五年（1566年）于月港设置海澄县，寓意"海疆澄清"，县治在月港。

海门岛南北夹山，山势平行，林木茂盛，一年四季，花果飘香，田园风光十分美好。岛东岸有一片沙滩，滩面上礁石嶙峋，千奇百怪，其中一块上尖下宽、酷似高昂的雄鸡，被称为"鸡冠礁"；还有一块形似巨大的蛤壳，名"文蛤石"，是海岛的主要风景点。海岛西侧滩涂上红树林茂密，为龙海红树林省级自然保护区的一部分，非常适合鸟类和潮间带生物生长，以及发展红树林生态旅游。海门岛捕捞业和养殖业较为发达，这里咸淡水交接，水质优良，不仅出产名贵海产品，经济鱼类也有数百种。特产土笋冻，由红树林海滩上盛产的沙虫为主要原料，其味甚为鲜美，是厦门、漳州宴席上的一道美味佳肴。

东山东门屿（海礁）

东门屿，也称塔屿，面积近1平方千米，是一个近似"土"字形的岛屿。坐落在漳州市东山岛铜山古城东门外海面，犹如一座巨大的天然山水盆景，静卧于碧海绿波之中，以其礁石奇异、洞泉甘醇、古迹众多而闻名于世，被称为中国四大名屿之一。东门屿的主峰岩石叠起，怪石嶙峋，高耸于东山港出洋之要冲。沿着树木掩映的石径小道拾级而上，登上海拔91米的主峰，就可以见到明嘉靖年间建造的文峰塔，是该海域航行的重要标志物。文峰塔为东山胜景之一，称"东屿文

东门屿

峰"。几百年来，它经历了无数次的强台风和地震的袭击，仍安然无恙，顽强地屹立在海岛之上。

岛屿主要景区位于南端，形态各异的奇石怪洞散布其间，移步换景，满眼皆美，主要有鹰嘴岩、渔翁垂钓、神龟迎客等；而众多的人文景观，点缀其中，内涵丰富，主要有东明寺、云山石室、文昌阁等。岛屿中段是长约200米的条形沙带，中间为芳草林地，东西两边则是濒海沙滩。北段则多是带有原始、野性气息的礁石、绿树。屿上的绿化率极高，树木青翠，海风吹来，带着淡淡的泥土气息，沁人心脾。东门屿以其自然景观与人文景观天衣无缝的巧妙结合，先后成为20多部电影、电视剧的拍摄外景地，东门屿也因此被称为"天然影棚"。

东山四屿（海礁）

东山岛东南沿海处，有许多海蚀地貌形成的天然岛礁，造型奇异，鬼斧神工。其中最引人注目的要算澳角海湾的龙、虎、狮、象四兽屿了。这四小屿礁，间隔排列于澳角村的东面和南面，各屿距东山岛约二三海里，组成"龙盘虎踞、狮守象镇"的海上奇局，令人叹为观止。

龙屿，距东山岛2千米，宛如一条巨大蛟龙，在波涛上振鳞舞爪，驾浪腾空，龙首伸入海中吸水，两条八字长须在海浪中闪动着白光，十分逼真。龙的脊背树木成荫，海风吹动如龙的绿鳞闪烁。龙屿又叫"穿山"，因为屿中有一奇异的海蚀断壑，宽2米多，高7米，全长28米，构成"海中一线天"。涨潮时，小船、竹排可以通过。落潮时，人可攀着礁石踽踽而行。虎屿，距东山岛1.5千米，宛如一只卧虎纵身欲扑，头部高耸，气势雄猛，有岩石状如虎眼、虎牙、虎额，雄踞海中。狮屿，距东山岛1.4千米，恰如一只赤褐色的百兽之王，昂首吼叫，威风凛凛。风吹狮头上的野草，如狮毛在随风抖动。狮的尾巴在潮落时似乎会摇摆。狮屿前有一块形如彩球的礁石，在浪中时大时小，俨然构成"狮子戏球"的生动景

象屿

观。象屿，距东山岛2.5千米，宛如一只大象，两耳下垂，长鼻探入海中，悠然自得，惟妙惟肖。象屿峰峦挺拔，陡峭险峻。象鼻中有一圆洞，俗称"象鼻沿"，是一个海蚀洞，小船可以驶过。

泉港惠屿

　　惠屿，位于泉港南埔镇，是泉州市唯一的孤岛行政村，面积约2平方千米，被称为"泉州的鼓浪屿"。惠屿由南北两座小岛组成。南岛基本保持原始生态风貌，临海一面悬崖陡峭，海蚀景观丰富；坡地一面，路面崎岖，树木葱郁。山顶有一块突兀的巨岩，像是天外飞来的巨大陨石，欲坠不坠。晋富宫，古刹英姿，飘然玉立于山脚之下，香火不断，仙气溢流；神井甘泉，清甜可口，明月映井，蟋蟀作歌，琼浆玉液仙境之有。岛上还有一块形似青蛙的巨石，巨石下有一个幽深的天然石洞，是惠屿先人的居住地。这块巨石被惠屿人尊崇为"圣蛙石"，又称"老嬷厝"。南、北两岛间为沙滩，沙细柔腻，脚感极佳，山水相连，水天一色，可开展游泳、餐饮、烧烤、垂钓、露营等娱乐活动。海岛周边是网箱等海上牧场，惠屿是泉州市最大的网箱养殖基地，可为开展休闲渔业提供优越的条件。海浪起起落落，渔排晃晃悠悠，在渔排上钓鱼尤其享受。2006年惠屿被评为"泉州市十佳魅力乡村"，以其独特的地理位置、美丽的海岛风光，被泉州市规划为海岛旅游度假区。

泉州唯一海岛行政村——惠屿岛（施惠清　摄）

惠安大竹岛

大竹岛隶属于泉州惠安净峰镇，距净峰镇杜厝村的杜厝码头5海里，面积约0.47平方千米，两侧是湄洲湾主航道。大竹岛呈椭圆形，东峰如大象，中峰似狮，西峰又很像猴王献宝。因早时岛上杂生诸多毛竹，又比小竹岛大，故称"大竹岛"。海岛周围暗礁林立，登岛不易。1958年，正值自然灾害困难时期，为解决粮食短缺问题，净峰镇杜厝村女民兵周亚西等8名惠安女驾舟上岛开荒垦殖，住洞穴、开垦农田、挖掘水井、种植果树等，前后长达15年。大竹岛也因"八女拓荒"而闻名全国，是惠安人引以为豪的巾帼英雄岛。当时为了纪念八位妇女上岛造林，该岛又被称为"八女岛"。1998年开发建设大竹岛农业观光旅游园，开辟厦门—大竹岛妈祖海上旅游航线，吸引台胞前往大竹岛参观、旅游、投资。2006年开始大竹岛被纳入斗尾港经济区。2007年，《泉州市海洋功能区划》将大竹岛定位为大竹岛度假旅游区，将其周边海域定位为海珍品增养殖区。

泉州惠安大竹岛（李芸生　摄）

大坠岛

大坠岛位于泉州湾入海口。因形似青蛙大腿，方言"腿"与"坠"谐音，故得名。曾入选首批福建十大美丽海岛。大坠岛植被茂密，绿色林区连绵成片，中间被巨大的金黄色岩壁切断，翠绿杂糅着金黄，十分耀眼夺目。沿海观光道两侧栽种着苏铁、棕榈、针葵等，毗连一片洁净柔软的天然沙滩，长约300米。岛上到处可见奇石异岩。其中有一块"泪岩石"，十分特别，在石头缝隙之间，常年有水流渗出，水质清澈甘甜。当海水退潮时，大坠岛向晋江上游的一侧海域会出现一片形似鞋子的沙滩，绵延3千米左右，俗称"鞋沙"，可寻到各种海洋贝类。大坠岛优越的生态环境使其成为海鸟的乐园，现有几十种海鸟栖息于此。周边海域经常有中华白海豚出没，是海洋鱼类溯流繁殖的天然场所。

大坠岛

福鼎台山列岛

　　台山列岛位于福鼎市东南部，是福建省距离大陆最远且有人居住的唯一列岛。西北距福鼎沙埕港约18海里，由西台山、东台山、南船屿、南屿等大小海岛组成。西台山岛最大，面积约1.2平方千米，东台山岛次之。两岛相距1000多米，是15个岛屿中有人居住的两个岛。东台与西台岛之间的西南面入口处，横亘着列岛中的第三大岛——南船屿。其他的岛屿和礁石则如一颗颗璀璨夺目的明珠散落在东西长6千米、南北宽约4.5千米的东海上。台山列岛海蚀地貌丰富奇特，除了"海上一绝"雨伞礁外，还有南屿的"天桥"，及白礁上酷似牛、羊、鸡状的海蚀造型。台山列岛有着丰富的贝壳类资源，各岛屿及岛礁是天然厚壳贻贝附着地，被宁德市政府立为"厚壳贻贝繁殖保护区"，估计蕴藏量达数万吨以上，列岛上的野生紫菜也是珍贵的保护物种。

台山列岛雨伞礁晨曲

霞浦浮鹰岛

浮鹰岛是宁德霞浦县海岛乡最大的岛屿，面积11.2平方千米，距霞浦县长春镇吕峡村4海里，与下浒镇相距9海里，与西洋岛相距6海里。浮鹰岛原名浮瀛山，因为远远望去像一只贴在海面上展翅飞翔的雄鹰，故得名。岛上地势挺拔，山丘绵延，天牛顶、六朝顶两山隆起于南北，所以又名双峰岛。岛上有文澳、里澳两个行政村，自然、人文环境优越，海路交通发达。翡翠礁群位于浮鹰岛文沃澳西海岸，在雪白的浪花中点缀着神态各异如翡翠般晶莹剔透的礁群，仿佛给海滩镀上了一层美丽的花边。其中，海狗岩因神态逼真而出名，圆规礁又称猩猩岩拱门或"生命之门"，当地人对其十分崇拜。羊头礁亦称海狮头，鹤立于翡翠礁群中，显得高贵典雅。还有荸荠礁、人面狮身礁（舰队礁）、玉女浴景等景点。浮鹰岛西北岸边是神龟翘首景点。一只神态逼真的巨大神龟正从海里昂首向悬崖峭壁爬去。位于文澳的

浮鹰岛玉女门

浮鹰岛猩猩岩

金沙滩十分特别，面积约4万平方米的海滩全由大小不一、五彩斑斓、晶莹剔透、形态可掬的鹅卵石子积聚而成，人行其上发出音乐般柔和的声音，躺在其间能享受到如同"鹅卵石浴"般的美妙感觉。再加上洁净的海水，古朴的渔村，漫山遍野苍翠的松柏，置身其中，仿佛来到如诗如画般美妙的世外桃源。

平潭大练岛

大练岛位于平潭苏澳镇西北，小练岛东南，因水道泛涌，浪花如练，故名。大练岛面积9.85平方千米，最高点围营山海拔238.5米。宋元时便已开发。岛上有两片主要的沙滩：月举沙滩和渔限沙滩。月举山，拥有火山地岩礁石，山底的月举沙滩为鹅卵石沙滩，墨绿、青灰等五彩斑斓的鹅卵石散落在海滩上。岛上还隐

大练岛海蚀洞天然门（念望舒　摄）

大练岛海岸海蚀地质地貌景观（念望舒　摄）

藏着一处"别有洞天"——"通天门"，奇特的悬崖峭壁中似有一扇门，门两侧崖壁险峻，十分壮观，底部则是形态各异的鹅卵石。

大练岛四面皆海，距离平潭主岛7.85千米，本是一座名副其实的"岛外岛"。如今，随着平潭海峡公铁大桥与京台高速大练岛互通区的建成通车，大练岛成为平潭主岛外众多岛屿中唯一建设引桥并连接陆地的岛屿，大练岛的发展自此连上了快车道，与福州形成"半小时经济生活圈"，成为平潭发展的桥头堡。

三、璀璨的海岸沙滩

依山傍海的福建，大陆海岸线全长3752千米，居全国第二；海岸线曲折率达1：7.01，为全国之最，拥有泥质、砂质、基岩等多种自然岸线类型。线长、面广的滨海之上，海湾深入内陆，半岛冲进外海，不仅演绎出一段段缠绵曲折的岸线，也赋予了福建如诗如画的海景和山海纵横的独特美感。阳光和沙滩，总是令人向往。沙滩是海与岸的过渡，在这里，人们得以亲近大海，走进大海，充分感受大海的温柔与壮阔。在循环起伏的海岸边，在开阔奔放的岬湾内，福建所拥有的沙滩资源十分丰富。福建沿海的沙滩主要分布于闽江口至九龙江口，大多优质，不仅是宝贵的滨海生态和旅游资源，也成为发展滨海旅游产业的重要基础。

马尾琅岐龙鼓沙滩

琅岐岛被称作闽江口的明珠，借由临海山地和滩涂资源优势，岛东部的江海之滨建设有龙鼓海滨度假区。因琅岐东岐海边有一块圆形礁石，状如石鼓，经海浪冲击发出声音，龙鼓因而得名。度假区内有九龙柱、智慧光影、金鸡报晓、白猴镇江、扬帆起航、凤鸣龙鼓等景观，更流传着"龙大琅"和"凤小岐"的爱情故事。这里依山傍海，山海相映，海天交融，美丽的沙滩更是一望无际。踏上绵软的沙滩，沿着漫长曲折的海岸线漫步，碧蓝的海水与成群的海鸟在眼前构成一幅多彩的画卷，嶙峋的怪石和遍布的岩洞也随时映入眼帘。夏秋季节，成群的海鸥、野鸭、白鹭都在这里栖息。龙鼓沙滩是距离福州主城区最近的沙滩之一，是

琅岐龙鼓度假区（马尾区农业农村局　供）

琅岐自然观光、休闲度假的首选之地，也是琅岐文化旅游核心地，更是琅岐滨海度假旅游一张别具特色的名片。

长乐下沙海滨

长乐下沙海滨度假村位于福州市长乐区中部沿海，距长乐区中心20千米、福州47千米。海滨度假村风光得天独厚，大海、沙滩、岛礁、山峰、海滨森林等多种景观比邻呼应，雄浑壮阔、秀美神奇。长8千米、宽400米的下沙海滩，沙细坡

下沙海滨旅游度假区（黄燕云　摄）

缓，是福州周边最早开发的海滩。在海滩上远眺，北有福州长乐国际机场，南面临海矗立着牛角山，双帆、东洛、西洛、东银等岛礁如同一串珍珠，环绕着海滨浴场。颇有特色的是海滨浴场北面王母礁上造型别致、采用仿生建筑技术建造的海螺塔和海蚌厅。海螺塔高24米，可以瞭望四周的景色；海蚌厅形似巨蚌。螺蚌相邻，浑然一体，以其独特的建筑风格和醒目的地理位置，成为长乐下沙海滨度假村的地标建筑。

厦门环岛路海滨

厦门是一座美丽、宜居的海滨城市，由内陆、厦门岛、鼓浪屿及其他小岛屿组成。著名的环岛路几乎囊括了厦门本岛最美的海滩风光。环岛路全程43千米，与海岸线相连，与沙滩海湾共同铸就厦门海岸碧海廊道。环岛路的建设一直奉行着"临海见海，把最美的沙滩留给百姓"的宗旨，有的依山傍海，有的凌海架桥，有的穿石钻洞，充分展现了厦门的亚热带风光特色，体现了人造景观与海岸线的完美融合。其中，白城沙滩位于厦门大学南部白城脚下，为演武大桥与胡里山炮台之间的一片美丽沙滩，沙质细腻，沙滩上点缀着一只只巨大的"鼠标"，

厦门环岛路海滨休闲沙滩

半环型天桥犹如巨大的时钟，白城遗址上还雕刻着各种抽象的方形图案，在美丽的晚霞中尤其迷人。厦门大学至前埔一段，全长6千米的环岛路海滨，令人心旷神怡，椰林沙滩更是被称为黄金海岸。珍珠湾沙滩位于环岛路曾厝垵对面，三面环山，一面临海，细沙碧海，风景秀丽，走在沙滩上，可以近距离感受大海阳光的温暖。黄厝海滩处于外海与内海相对流的夹角位置，水质的自净能力较强，相较于本岛其他海滩，水质可以说是最好的。黄厝有着原生态渔村的古朴，巨大的海石是海滩的标志，这些不规则的石头就像是镶嵌在海滩与大海的分界线上，十分独特。环岛路北端的观音山沙滩是一处长2.1千米，面积40万平方米的人造沙滩，并以观音大型石雕为地标，这里视野开阔，海水清澈，沙滩洁白，是露营和观赏日出的好去处。观音山游乐园每年都会举办沙雕作品展以及观音山白海豚音乐节。游客来到环岛路，大都会租上一辆自行车，绕着环岛路骑行，聆听海浪，轻拂海风,游览美景。从椰风寨到会展中心曾是国际马拉松赛的主赛道,点缀着马拉松雕塑,胡里山炮台附近还有获得吉尼斯纪录的"最长的五线谱雕塑"《鼓浪屿之波》音乐雕塑。

厦门五缘湾

五缘湾位于厦门市湖里区北部,高崎国际机场和翔安海底隧道之间,是厦门岛上一处集水景、温泉、植被、湿地、海湾等多种自然资源以及畲族文化等人文资源于一体的海湾景区。曾经的五缘湾海岸侵蚀严重,滩涂成片,

厦门五缘湾(王火炎 摄)

本着"把海还给大地"的敬畏以及超前的新生态主义理念，历经20年的五缘湾生态修复与建设，清淤还海，创造出一个新的岸线，成为厦门特区建设中的一面旗帜。

五缘湾商务营运中心是厦门三大营运中心之一，湾区内建设有源古博物馆、生态酒店、湿地公园、帆船俱乐部、音乐岛等。行走在绵延8千米的环湾步道上，碧波万顷、绿水荡漾，新月形的海滩和温婉美丽的海岸线让人驻足；漫步在湿地公园的木栈道上，不时有白鹭轻轻掠过，黑天鹅成双结对，乔灌木郁郁葱葱，随手一拍就是一幅幅水清岸绿、城水相依、天人和谐的美好画面。湿地公园位于五缘湾南岸。五缘湾在建设过程中，着力保护核心区及厦门典型海岛植被朴树林等生态，同时力求营造池塘、草滩、林地、滩涂、水田等多样化的湿地生境，还特别设置了以鸟为本的无人核心岛。

鼓浪屿海滩

鼓浪屿有着十分迷人的海岛景色及独特的人文建筑风情，而这里的阳光、沙滩也能够带给游览这座美丽岛屿的人们足够的惊喜。港仔后海滩是鼓浪屿最大的海岸，位于菽庄花园西侧，滩面平缓，沙细水浅，海域广阔，海水清澈，海岸线较长。站在沙滩上往南可欣赏大海，往北可眺望日光岩，身后的绿草地很是清幽，往上走一小段即有老宅和古榕树。这里的海滩也很适合小朋友们玩耍，对众多的游客和当地居民都颇具吸引力。大德记沙滩位于鼓浪屿东南面皓月园旁，是鼓浪屿沙滩中看日出的首选地。靠近皓月园一侧的沙滩可正面眺望对岸的厦门岛，靠近印斗石的沙滩在海水低潮礁石露出海面时很美，特别是夕阳西下时，礁石呈现柔和的红色。因为这里礁石众多，而且海岸线相对其他沙滩曲折，更适合退潮时来这里游玩。从皓月园侧门通往海滩的小路可以说是鼓浪屿环岛公路中最具特色的路段之一，小路建在礁石上，蜿蜒曲折，在这里听浪看海，好不惬意。美华沙滩位于鼓浪屿西南部日光岩下，是传说中的鼓浪石所在地，也是鼓浪屿沙

鼓浪屿港仔后海水浴场

滩中看日落的首选地。虽然距离热闹的港仔后沙滩仅一步之遥，但这里的游客就少很多了。美华沙滩平缓光滑，水质良好，沙质柔软，面积相对较小，是老鼓浪屿人游泳的好去处。观海园沙滩位于鼓浪屿东南面，位于田尾路和观海路一带。这个沙滩比较小，胜在幽静。附近的观海园建筑既有西洋别墅的开放风格，又有中国传统园林的静谧。沙滩一侧有大片裸露的礁石，坐在其上，看潮涨潮退，观云卷云舒，听风声海浪声钢琴声交织在一起……面朝大海，春暖花开。

东山马銮湾、金銮湾

马銮湾位于东山铜陵镇西南向，这里天蓝、海阔、沙白、水碧、林绿，是一个天然秀丽的大海湾，全国26个健康型天然海水浴场之一。海湾长2.5千米，呈月牙形，海边有宽达80米以上的平坦沙滩，洁白细软的沙滩平缓地延伸到碧蓝的大

东山马銮湾：扬帆出海竞风流（刘汉添　摄）

东山金銮湾：金銮湾上渔火秀（刘汉添　摄）

海中。沙滩后面是宽达80～150米的人工防风林带，林木葱茏滴翠。海滩正对浩瀚的台湾海峡，海面宽阔，蔚蓝清澈，风平浪静，无污染、无暗礁、无鲨鱼，是游泳戏浪、玩海听涛、水上运动的最好场所。在这里，你可乘坐游艇、摩托艇、香蕉船等，尽享水上运动的紧张刺激；可到配备有符合国际标准的潜水设备和海上运动器材的潜水俱乐部，尽情观赏神奇的天然海底世界；还可到林带边缘的烧烤区，亲自动手烧烤美味的海鲜，而后把酒听涛，尽享个中情趣；还可以在沙滩上支起帐篷，和着海风，枕着涛声美美地入睡。2013年，马銮湾景区被批准为国家AAAA级旅游景区。远处的苏峰山变幻莫测，有时白云笼罩，银装素裹；有时白云缠腰，仿如玉带；有时烟水一色，似海上蓬莱；有时白云冠顶，宛如亭亭少女。海天山色，相得益彰。马銮湾与金銮湾两湾相连，绵延数千米，是东山生态旅游的"黄金轴"，辐射带动了全岛一批优质生态文旅项目。近年来，东山建设海湾公园，打造海滨浴场、滨海游步道、南岛语族文化主题公园、海上运动等项目；建成生态环岛路先导段，打造苏峰日出、世外岩雅等网红景点；落地建成谷文昌干部学院、国家帆船、风筝冲浪等培训赛事基地。马銮湾、金銮湾每年吸引游客近40万人次亲海观光、研学旅游。

漳浦七星海

七星海位于漳州漳浦县赤湖镇前湖湾。所谓"七星海"，是由于有七块大海石坐落于前湖湾海滩上，每到傍晚时分就会闪闪发亮，远看就像七颗点缀在海滩上的明星。七星海沙滩宽广、沙质细腻、金黄柔软、坡度平缓，海水干净湛蓝，礁石奇形怪状，还有海滩上的清泉奇观，是天然的海滨浴场。七星海的原生态海景，每年夏秋都吸引了很多游客至此露营、旅游，是集休闲、度假、民俗于一体的旅游胜地。每到傍晚时分，在夕阳的照耀下，沙滩上黄金点点，游客们踏浪漫步，冲浪邀游，尽情享受这海天一色的美景。自2019年以来，漳浦县赤湖镇加快七星海国际滨海旅游度假区项目建设，建成投用后可年接待游客约140万人次。

漳浦六鳌翡翠湾

六鳌翡翠湾，属大澳湾，地处闽东南沿海突出部——漳浦县六鳌半岛鳌西村，三面环海，东临台湾海峡，以海浪温柔、海水清澈、海沙细腻，犹如一湾碧绿翡翠而得名，是中国大陆架最美的海滩之一，素有"中国佛罗里达海岸"之称。翡翠湾海滩犹如一钩新月横卧东海之滨，正对台湾南部，绵延近10千米，海水退潮可在500米开外，整体落差不到4米。沙软滩平、海域广阔，翡翠湾的沙滩属石英砂，质地非常细腻。极目远眺，是无尽的绿和无限的蓝，自由的海鸥与畅游的鱼儿，真不愧为"温柔六鳌海，天堂翡翠湾"。翡翠湾滨海旅游度假区占地面积约1000亩，是以集装箱文化为主题的滨海景区，于2015年9月被评为国家AAAA级旅游景区。景区内有民宿度假小镇、萌宠乐园、冰雕园、沙雕园等游览项目，以及别具一格的创意住宿。在这里，水上娱乐也有无限的可能。退潮时，浪花抚平了细沙，骑上沙滩摩托尽情驰骋，也可以尝试冲浪，尽享被海浪高高托起的畅快淋漓。喜欢冒险的话，还可以乘着滑翔机到空中去看看这块通透无瑕的翡翠海滩。翡翠湾附近的六鳌古城也值得一游。这座古城已有600多年的历史，曾是戚继光抗倭的军事基地。古老的城墙述说着这个沿海小城的风风雨雨，虔诚的渔民们也在此建立了天后宫和关帝庙，保护世世代代的族人安居乐业。

龙海隆教湾

位于漳州市龙海区隆教畲族乡的隆教湾，东起镇海旗尾山，西至白塘牛头山，拥有6千米长的海岸线，恰似一弯新月，海水清澈而碧蓝，远观近看都美成画卷。当夕阳滑落在隆教湾的黄昏里，远天共沧海一色，白浪与鸥鸟同飞。近处的沙滩，高低错落的建筑，远处的风车，纵横交织的道路，被梳理成优雅脱俗的风景。落日的余晖透过云层洒落海面，大海犹如披上了一层薄薄的金纱，美丽动

隆教湾沙滩（龙海区委党史方志室 供）

人。舟楫停泊在海边，漂浮的山影如炊烟袅袅。在美丽海滩的后面有一条宽度30余米的防护林带，这里生长着海参花、马鞍藤、蜉仔草等野生花卉，每逢春夏之际便盛开美丽的花朵，黄、红、蓝交错在一起，就像是一条彩色的丝带，将海滩紧紧围裹，锦上添花。隆教湾周边还有独特另类的古火山口、明清要塞镇海卫、别样的畲族风情等。近年来，随着沿海大通道的建成通车，隆教湾周边区域美丽的自然风光及浓厚的历史文化逐渐为人所知，吸引不少游客慕名探访。

惠安海岸

惠安海岸有黄金海岸之称，全长约200千米，占全省海岸线总长的6%，钟灵毓秀，风光旖旎。沿海港湾密布，半月湾、青山湾、净峰惠女湾竞秀争艳，崇武海岸则被国家地理杂志评选为"中国最美的八大海岸"之一。惠安县以惠安女独特民俗及石雕而闻名。县境内北宋洛阳桥、明代崇武城均为国家重点文物保护单位。

"中国最美的八大海岸"之一——惠安海岸（吴铭　摄）

　　半月湾地处惠安县崇武镇崇武湾北岸，与台湾隔海相望，形似弯月，以"半月沉沙"而闻名。这里有雪白的沙滩，苍翠的林带，是天然的海滨浴场和疗养胜地，曾有"南方北戴河"之美誉。青山湾位于惠安县山霞镇，素有八闽第一金滩的美称，连绵13千米的秀丽沙滩上，沙质细腻柔软，无一礁石，具有海平面开阔、大陆架平坦、风浪较小的特点。优良的天然海滨浴场，弯曲的内港沟，成片的防护林带，构成了环境优美，景观独特，集观光、娱乐、休闲、健身于一体的海滨避暑胜地。净峰镇位于惠安县东部，北濒湄洲湾，东临台湾海峡。净峰镇是惠安女聚居地，惠安女多姿多彩的服饰风情和勤奋朴实的民风民俗，形成净峰一道独特的人文风景线。净峰寺曾为近代名僧弘一法师的幽居处。净峰惠女湾位于净峰镇东海，拥有8千米长的美丽海岸线，眺望远方可见小岞大风车。崇武海滨还绵延着美丽的西沙湾，这里拥有2000多米长的优质沙滩及有"天下第一奇庙"之称的解放军烈士庙，还有丰富多彩的民俗风情和表演。此外，打靶场、沙滩排球、游艇、摩托艇等娱乐项目独具吸引力，假日酒店、茶艺走廊、休闲木屋、购物美食街等配套设施一应俱全，可以为到崇武古城游玩的旅客提供完善、周到的旅游服务和体验。

晋江金井镇金沙湾、塘东沙堤

地处晋江东南沿海围头半岛的金井镇，是全国有名的特色小镇和全省首批滨海休闲度假福地。金井镇区位优势独特，隔围头湾距大金门岛仅5.1海里；海岸资源丰富，海岸线长，占全市的22%，拥有金沙湾等7个优美海湾。金井镇围头村区域位置独特，滨海人文资源丰富，这里曾是著名的"八二三"炮战主战场，如今是对台经贸旅游、文化交流的重要窗口，也是全国特色景观旅游名村、国家级最美渔村。围头战地文化渔村海岸线曲折绵长，其中2000多米白皑皑的沙滩，清晨日出时，迎着朝阳闪闪发光，赢得了"金沙"美名。金沙湾海滨浴场更是人们夏日消暑游乐的胜地。周围还建设有"八二三"战地公园，可重走"八二三"炮战遗址。塘东沙堤位于金井镇塘东村，是一座由大海和风堆成的沙岸，长1700多米，宽300～500米，高度4～7米，是自古有名的"安平商港"的出入口处。沙堤里是内海，退潮后就现出一片滩涂，历来有村民在这片肥沃的滩涂上养海蛎，讨小海，是一处天然的良好湾澳，船舶避风去处。

避暑胜地金沙湾

石狮永宁黄金海岸

石狮永宁黄金海岸位于石狮市永宁镇，台湾海峡西岸。永宁又称鳌城，为福建海防古镇。黄金海岸旅游度假区，以西邻永宁镇为依托，西北依宝盖山峰高控海，东南临台湾海峡水天一色，十里黄金海岸自红塔湾旅游公路起点一直绵延到新沙堤，汇集了石狮最美的滨海岸线、沙滩、海湾、礁石等。黄金海岸的沙子，是景区投入3000万元从金门运输回来的"面粉沙"，沙子十分柔软细腻，在阳光照射下发出金灿灿的光芒。可以说，这里真的是福建最贵的沙滩了。浯沙灯塔段海岸线是十里黄金海岸的精华一段，弯曲的红色步道沿着岩石海岸蜿蜒而行，宛如一条红色彩带，飘绕于崎岖的海岸边，串起一个个鲜亮的打卡点。粉红的酒店、浅蓝的大鱼、银白的船帆、红色的五星……而一旁正是大海和灯塔，风景十

黄金海岸（石狮市永宁镇　供）

分亮丽。漫步沙滩，海阔天高，美丽的黄金海岸，用这一条红色的漫行线，串起了自然、时尚、风光，还有让人留恋的情怀。度假区内有度假酒店、游艇俱乐部、游乐园、海天佛国、海底世界、海滨浴场等景观设施。经过多年的建设，黄金海岸已发展为集行、游、吃、住、购、娱于一体，旅游内涵十分丰富的滨海旅游度假区，是福建省十大重点旅游景区之一。

湄洲岛黄金沙滩

妈祖故里湄洲岛有着明媚的阳光、湛蓝的天空、洁白的沙滩、无际的水景、醉人的海韵，交织成一派浪漫旖旎的滨海风光。全岛海岸线长30千米，有13处总长20千米的金色沙滩，还有连绵5千米的海蚀岩。黄金沙滩也称九宝澜沙滩，位于湄洲岛西南突出部的连岛沙坝上，是岛上最长最大也最迷人的沙滩。北拥千畴绿林，南临万顷碧波，东连著名的三湾滩，西接3000吨级对台客运码头。沙滩绵延3000米，沙细如面，宽敞平坦，状如一钩新月，悬挂在湛蓝的大海上。在金色阳光的照射、蔚蓝天空的映射下，整片沙滩犹如镀上了金子一般，闪闪发亮。沙滩纵深300～500米，坡度5%，呈波浪状缓缓斜入大海，是天然的海滨浴场和理想的避暑度假休闲宝地。游人在湄洲岛北部的妈祖山朝圣之余，漫步九宝澜，犹如步入仙宫月窟。英国旅行家曼顿更赞其为"东方夏威夷"。

秀屿平海嵌头黄金沙滩

莆田市秀屿区平海镇位于莆田三大湾之一——平海湾突出部，东南两面临海，海岸线长21千米，素有"莆田天涯海角"的美称。而位于平海镇的嵌头村便可以称为平海湾的海角。黄金沙滩就位于平海镇嵌头村，晴日，沙滩在日光的照耀下闪烁金光，远望恍如遍地金砂，因而得名"黄金沙滩"。整个沙滩规模宏大，平缓壮观，绵长开阔的海岸线一望无际。这里沙细滩平岸阔，海水湛蓝清

平海嵌头沙滩（肖征宇　摄）

澈，浪涛送来一波又一波的小贝壳，犹如散落在沙滩上的小音符，是平海湾一处难得的赶海景观。近年来，随着秀屿大力发展滨海旅游休闲产业，平海镇也以嵌头黄金沙滩为依托，结合金色沙滩、湛蓝海水、幽深洞穴大力发展滨海景观旅游，平海嵌头黄金沙滩名气渐显，越来越多的游客们都愿意来这里饱览原生态的滨海自然风光。

莆田后海

后海地处兴化湾南岸，莆田市荔城区北高镇、秀屿区埭头镇和东峤镇的交界处，原本是一望无际的湛蓝大海，后进行围垦。因为围垦面积有3.03万亩，因而得名后海303垦区。303垦区是莆田第一大重点围垦工程，是全市水产综合养殖示范基地。后海休闲渔村就位于后海垦区内，这里有莆田难得一见的浮海楼，全部由竹子建造，这让它有了一种质朴、清新的特别气质。一望无际的蓝天，随风摇曳的风车，抬眼望去，海面上波光粼粼，一片片整齐的渔排静静漂浮着。风车、天空、大海组成了极富特色的海上景观，像极了一幅富有诗意的图画。浮海楼与海堤之间，由长长的浮海桥连接，站立浮桥上，远望大蚶山，郁郁葱葱，逶迤多姿。在后海，游客品尝海味后，还可以卷起裤腿，与渔民们一同涉足水中，捡海螺、捞小鱼、撬海蛎，享受不一般的海边农家生活。

自2009年起，后海渔村依托垦区丰富的渔业资源和周边的旅游资源，开发特色餐饮、休闲垂钓、旅游观光、水上游玩、涉渔生产体验、渔业科普教育等多

莆田后海堤外滩涂

元化休闲渔业项目，吸引着越来越多的人将这里作为休闲娱乐、品尝海味的好去处。2017年，后海休闲渔村被授予"中国休闲渔业旅游魅力村"，为福建省休闲渔业再添一国家级名片，是名副其实的"海上休闲花园"。

霞浦摄影滩涂

宁德市霞浦县依山面海，是一座拥有1700多年建县历史的文明古县，是福建省海域面积最大、海岸线最长、浅海滩涂最广、岛屿最多的沿海县份。在长达510千米的海岸线上，滩涂四季如画，风光旖旎，是中国滩涂面积最大、滩涂风光最典型最集中的地方。得天独厚的地理优势使霞浦以"中国最美滩涂"、"摄影人

霞浦滩涂摄影作品——夕照牙城湾（谢玲雄　摄）

的天堂"、"全国摄影创作基地"、中国"十大风光摄影圣地"等美誉声名远播。"随着近海养殖业变身生态'牧场',海面上每个季节都有劳作的场景,加上一天的潮汐变化,时刻呈现出不同的美感。"这应该是每个来霞浦滩涂的摄影爱好者的直观感受。涨潮时,海上养紫菜、捞鱼苗的小船,穿梭于养殖紫菜、海带的浮标和竿影间,与波光粼粼的大海、岛屿和远山浑然一体,构成了绝好的美景;退潮时,渐渐露出一片片虎皮纹滩涂,讨小海的渔民开始出现在上面,在晨曦或晚霞的映照下,曼妙多姿。一年四季,只要你端起相机,霞浦滩涂随时都会在取景框中出现一个个摄人心魂的景观,带给你无限的惊喜。而世界各地的摄影爱好者们正通过自己的镜头将这片神奇海域的灵动奇绝、变幻莫测完美地展现给世人,向世界传达着福建海洋文化的无穷魅力。

近年来,霞浦县瞄准"全域旅游"的发展定位,挖掘山海川岛资源,围绕打造世界滩涂摄影基地等,大力推动发展滩涂摄影、休闲度假等相关旅游产业,每年都吸引大量海内外摄影爱好者到此拍摄。摄影艺术在文化旅游的深度融合发展中,充分展示了霞浦瑰丽的滩涂风光和深厚的人文底蕴,使霞浦滩涂摄影的旅游知名度和影响力不断提升。

霞浦大京沙滩

大京金沙湾位于霞浦县长春镇东南部,东冲半岛近陆端,素有"福建夏威夷""闽东北戴河"之美誉。湾内各岛礁星罗棋布,最为出名的是大京沙滩,沙滩长3000米、宽200多米,背靠明代古城堡等名胜古迹。大京沙滩呈朝东半月形,浩然平坦,沙质洁净如玉,光灿似珠,海水清澈,水净天蓝,是难得的天然优质海滨浴场,极适合开展日光浴、海浴、海泳、沙雕展示、拾贝壳、摄影等相关沙滩休闲活动。大京海滩的迷人之处还在于那条被当地人称为"沙龙岗"的沙丘。沙龙岗的一侧,有一条纵深100多米的清一色澳洲铁树组成的风沙防护林。林中地面全是细沙,柔软如地毯,间有耐旱的杂草点缀,加上木麻黄枝叶遮天蔽日,

霞浦大京沙滩（郑戈　摄）

营造出一片浓浓的绿荫，故而被称为"情人的天堂"。在大京沙滩的东北部还有一条不足百米长的鹅卵石滩，走在上面"咔嚓"作响。这些鹅卵石大的有面盆之大，小的又比米粒还细。由于海浪的冲刷摩擦，鹅卵石已没有棱角，全由优美的弧线构成，踩在上面十分舒服。

福鼎晴川海滨

位于宁德福鼎的晴川海滨，北起南镇鼻，南抵霞浦牙城湾界，其中包含小白鹭港、敏灶湾、晴川湾、文渡湾、硖门湾、里山湾等福鼎沙埕港外的东南沿海一带。拥有小白鹭沙滩、敏灶湾黄金海岸、牛郎岗海滨沙滩、文渡工业园、宁德核电站、硖门渔井渔村、青屿头海蚀地貌等主要自然与人文风光。

牛郎岗湾位于太姥山镇东南方，依山面海，与嵛山岛隔海相望。气候冬暖夏凉，素以"碧海金沙好消夏"吸引各地游客慕名而至。牛郎岗湾内有大片的海滨沙滩，平坦、明净，环山绿树成荫，周围礁石造型各异，有鸳鸯礁、织女洞、海上一线天等自然景观。礁屿上的岩石无一块是光滑的，或页状，或锥状，或棱状，或柱状，颜色最多的是焦褐，间之血红、铁黑、乌青、土黄、乳白，乃风雨与海浪之杰作。沙滩的北端正面有一座卧牛般的礁屿，其左下方有一织女洞，织女洞口直径五六米，厚度一二米，呈不规则圆形，像一架巨大的望远镜，从中可眺望遥远的海面，气象万千。景区将海滨浴场自然景观与农业高科技园区、园林观光景区融为一体，分为海滨浴场区、高科技农业园区、垂钓区、鸟岛保护区等多个游览观赏项目，集休闲、旅游、海滨度假为一体。小白鹭湾位于福鼎市沙埕港南端海湾，以"一片黄沙横碧海，几行白鹭上青天"而得名。湾内有25万平方米的金黄沙滩，由于滩宽沙软，坡度平缓，潮汐稳静，形成了天然优良的海水浴场——小白鹭海滨浴场。度假村依海而建，背依草木葱郁的山峦，奇石峭壁，面朝湛蓝的大海，水天一色。

福鼎晴川海滨（谢玲雄　摄）

平潭海坛湾龙凤头海滩

平潭主岛海坛岛岸线曲折蜿蜒，形成海湾、港澳近300个。海滨沙滩连绵延伸，长约70千米，主要分布于海坛湾与坛南湾内。海坛湾位于海坛岛东侧，东临台湾海峡，因海湾伸入海坛岛腹部而得名。南北长7.5千米，东西宽约6千米，面积40多平方千米，呈半圆形。岸线长25千米，形成10多个港湾，散布岛礁60多个。位于西南侧的龙凤头海滩，连绵9.5千米，宽500米，坡度平缓，白沙晶莹细腻，是全国最大的海滨浴场之一，也是游玩度很高的海滨胜地，滩上可以行车走马，海中可以畅游娱乐。周边岛礁众多，沿着海岸线往北漫步在沙滩上，穿行于岩石旁，可以看到海滩上密密麻麻的小洞，这里是小螃蟹的去处。龙凤头海滩面向东方，在这里观看海上日出的壮观美景是来平潭不可错过的一道风景。

平潭海坛湾（念望舒　摄）

平潭坛南湾海滨沙滩

坛南湾位于海坛岛东南，北与海坛湾为邻，东濒台湾海峡，状呈新月形，湾口朝向东南。背靠低丘，面向大海，地形封闭，环境清幽，湾内海域辽阔，多沙质海岸，沿岸无污染源，生态环境良好，腹地林带壮观，地形起伏多变，港澳众多，岛现礁隐，激浪千层，层次繁复，色彩丰富，十分适合开辟海滨浴场和多功能的度假休闲疗养区。坛南湾22千米长的岸线上有沙滩13座，每个沙滩均有岬角与邻近沙滩隔开，具有较强的封闭性和独立性。除潭角尾澳和洋中澳沙滩较大外，其余皆是三面环山、一面临海的小型沙滩，长度多在400米左右。坛南湾的沙滩十分优质，沙粒均匀纯净，晶莹洁白，略呈淡黄色，滩面极少贝屑等杂质，坡度适中，含泥量低。远垱澳是坛南湾最美的一段沙滩，岸线长近2千米，北面有岬角相隔，南面就是岩石巍峨耸立的将军山。每年3月到9月，平潭特有的"蓝眼

平潭坛南湾海滨沙滩（念望舒　摄）

泪"都会如约而至。其中夜光藻"蓝眼泪"更为明显，多仅在4月到6月出现。届时，海面上一波波蓝色涟漪，随浪袭来，整个海岸线犹如浩瀚的银河星空，如梦似幻。在平潭的几个海域中，坛南湾由于光污染影响小，环境优美无污染，海域辽阔，岸线曲折，成为观看"蓝眼泪"的最佳位置，吸引无数游客前来"追泪"打卡。2017年12月，由坛南湾、海坛古城、将军山三个景区组成的坛南湾——海坛古城旅游区获批国家AAAA级旅游景区。

四、天然的海港海湾

福建是我国沿海港湾最多、港口资源最丰富的省份之一，拥有大小港湾125个，多数港湾内还有条件各异的支港、支湾，海岸可利用率很高。港区水深面阔，可开发岸线长；口小腹大，掩护条件好；不冻，不淤，通畅；湾中有湾，港中有港，配套开发潜力大。同时，可用来作为港口配套开发建设的陆域范围较广，自然护港条件较好，优势十分突出。

福建港口的发展历史悠久，据记载，至迟在东汉建初八年（83年），福州东冶港被辟为交趾七郡海上南北转运的港口。宋、元时期，泉州港曾凌驾于广州港之上，也是"海上丝绸之路"的起点港。明嘉靖时漳州月港日趋繁盛，成为福建的大贸易港。明末清初，厦门港逐渐兴起，成为"八闽门户"。鸦片战争后，福州、厦门被辟为通商口岸，发展对外贸易。20世纪70年代，福建沿海港口开始进行大规模建设。经过多年发展，至2021年底，全省沿海港口拥有生产用码头泊位430个；拥有万吨级泊位190个，其中10万吨级以上（含10万吨）泊位37个。根据《福建省沿海港口布局规划（2020—2035年）》，全省岸线从北至南划分为福州港、湄洲湾港、泉州港和厦门港四个部分。规划利用建港的自然岸线全长384.2千米，其中深水自然岸线255.9千米。

（一）福州港

福州港位于福建东南沿海、台湾海峡西岸，扼南北海运要冲，由于上可溯闽江沟通闽江水系，下可泛海至省内外及世界诸多港口，自古以来便是闽江流域货物的集散地。根据2011年福建省人民政府《关于福州宁德港口管理体制一体化实施方案的批复》，现有的福州港由原福州港和宁德港整合而来，南起兴化湾北岸，北至沙埕湾，东至平潭，形成"一港八区一港点"的总体发展格局，为我国沿海主要港口、区域综合运输重要枢纽和对台"三通"主要口岸。福州港拥有大

福州港（福州市海洋与渔业局　供）

陆海岸线1966千米，占全省的52.4%。至2020年底，全港生产性泊位共152个，其中万吨级以上泊位67个，10万吨级以上泊位19个。2021年完成货物吞吐量2.74亿吨，集装箱345万标箱。

闽江口内港区。作为福州港的主体，港区自然条件优越，口外与白犬、马祖列岛相对，口内有川石、粗芦、琅岐三岛为天然屏障，具有良好的掩护条件，风浪较小。港内基础设施完善，以发展对台客运为主，兼顾能源、集装箱等货运功能。现有生产性泊位54个，其中万吨级以上泊位23个；总通过能力3083万吨，其中集装箱45万标箱。

江阴港区。位于江阴半岛南端，是以集装箱运输为重点，兼顾货类运输的综合性港区。现有生产性泊位17个，其中万吨级以上泊位9个；总通过能力2851万吨，其中集装箱175万标箱。港区水深港阔，避风条件好，深水岸线7.1千米，可供建设30个以上深水泊位，部分岸线可供建设20万～30万吨级特大型深水泊位，

2015年5月19日，江阴建滔化工码头正式投产（池远 摄）

福州福清江阴港（俞松 摄）

是福建北半部最大的深水良港之一。江阴半岛位于兴化湾北侧，岸线总长233千米，与台湾一水之隔，陆邻福厦交通走廊，具有临海近台的独特区位优势，是中国南北海运主通道的交通要冲。江阴港动建于2000年，正逢福州港进入高速发展阶段，因此也见证了福州港跨入河口港和深水海港并存、共同发展的新时期。2003年3月，江阴港区正式对外轮开放。2003年10月，开通前往西非的远洋班轮航线，结束了福州港没有远洋班轮航线的历史。2011年12月，江阴港区正式成为海峡西岸经济区唯一一个汽车整车进口口岸，也是全国第六个能够办理整车进口的沿海口岸。港区航线已逐步覆盖"一带一路"共建国家和地区。

松下港区。位于福清市、长乐区和平潭交接处的福清湾东北岸湾口，地理区位优势明显，建港条件优越，是国家首批通过的对台直航港口之一，主要服务临港工业发展，以粮食、散杂货等运输为主。现有生产性泊位8个，其中万吨级以上泊位7个；总通过能力1095万吨。

罗源湾港区。罗源湾位于福建省沿海东北部，闽江口以北约50千米，是全国少有的优质深水港湾。这里海湾曲折，口窄腹大，形似葫芦，纵横数十千米，傍海处有天堂山环抱，海面长风细浪，时有鸥鸟飞过、渔歌响起，不仅是一处天然良港，也是一个风光旖旎的地方。从"十一五"开始，罗源湾成为福建省重点建设的港口，其中连江可门作业区现为干散货运输的重点港区，以煤炭、矿石运输为主。现有生产性泊位20个，其中万吨级以上泊位12个；总通过能力5835万吨，其中集装箱26万标箱。

平潭港区。主要服务平潭综合实验区开放开发，以对台客货运输为主，相应发展旅游客运。有生产性泊位7个，其中万吨级以上泊位5个；总通过能力493万吨，其中集装箱19万标箱。规划建设金井、澳前、流水、草屿四个作业区。

三都澳港区。三都澳是闽东山海中享有奇异之美的一片海湾，位于宁德市蕉城区东南部，三都岛与城澳半岛间，以三都岛得名。为闽东沿海的"出入门户，五邑咽喉"，中国南北海运和诸多国防航线的必经之路。三都澳港区四面环山，以东冲半岛为天然屏障，岛屿连缀，水深波平，腹大口小，不冻不淤，锚泊、避

松下港

三都澳

风条件俱佳，孙中山《建国方略》称之为世界"最深不冻良港"。港区水域总面积714平方千米，可使用面积约430平方千米。澳海内有10米以上的深水面积173平方千米，可供开发的深水港岸72千米。早在唐朝以前，三都澳就已开发。清光绪二十四年（1898年）被辟为商港，曾是福建最繁华的商港之一。现三都澳港区是服务宁德经济社会发展与临港产业布局的重点港区，以散杂货运输为主。有生产性泊位12个，其中万吨级以上泊位4个。三都澳不仅是世界知名良港，还拥有大面积可供海水养殖的天然经济水域，更是山海兼备、风光旖旎的风景区。在这里，形态各异的奇礁怪石是一大特色，旧埠风光与西洋古建更是充满韵味，围绕海上养殖基地打造的特色旅游也在不断绿色升级。拥有丰富海洋旅游资源的三都澳，已成功蜕变为一个成熟独特的滨海景区。

白马港区。位于宁德福安，是闽东地区的中心港口，港内水域宽阔，不冻不淤，潮差大，是天然良港，素有"黄金水道"之称。港区内基础设施配套齐全，功能完善，配备黄沙输送带系统，是闽东地区规模最大、自动化程度最高的港口之一。现主要服务后方临港工业发展，有生产性泊位23个，其中万吨级以上泊位7个；总通过能力1920万吨。白马港气候宜人，是重要的海鲜养殖、生产基地，还建有红树林保护区。同时也是福建乃至全国重要的民间船舶修造基地，全国重要的有色金属生产基地，以及闽东的能源基地。

沙埕港区。位于福鼎市东部闽浙交界处沙埕湾内，港湾弯曲狭长，水深港阔，长年不淤不冻，万吨巨轮出入不受潮汐限制，是著名天然良港，曾被辟为军港。新中国成立后，港口码头逐步发展建设为闽东繁华的渔港和商港。现主要服务于福鼎市及浙南等周边地区发展。有生产性泊位7个，总通过能力172万吨。

三沙港点。位于福宁湾北端，霞浦县三沙镇东北3千米外，因三沙而得名。三沙是福建沿海重镇，明初即已开港，曾被孙中山纳入《建国方略》中，是闽东货物集散地和对外开放窗口。港内风平浪静，岸线平缓，便利船舶避风停靠。

繁忙的白马港

沙埕港（陈律鹏 摄）

（二）湄洲湾港

　　湄洲湾港位于福建省中部，处于"南北三角"（珠江三角洲与长江三角洲城市群）和"东西两岸"（中国台湾与中国大陆地区）的连接点上，具有拓展两翼、对接东岸的独特区位优势。湾口外的台湾海峡，是我国南北海运要冲和诸多国际航线的必经之路。湄洲湾港水域面积516平方千米，海岸线总长330千米，其中10米以上天然深水岸线长达30多千米，可建深水泊位150多个，满足世界上大型主流船型的通航要求。作为东南沿海以大宗散货运输为主的新兴港口，湄洲湾港素有"中国少有、世界不多"的天然良港美称。至2022年8月，湄洲湾港共有千吨级以上生产性泊位60个，万吨级以上泊位30个。

湄洲湾港——东吴作业区煤码头

东吴港

秀屿港

东吴港区。古称鸡了港，位于湄洲湾中枢。现重点发展大宗干散货运输，兼顾发展液化天然气、粮食、旅游客运等，逐步成为服务临港工业、承担中西部地区及东南沿海大宗干散货转运的综合性核心港区。

秀屿港区。位于湄洲湾北岸的秀屿宋称猴屿，明称石屿，后称秀屿，雅称鳌

泉州肖厝临港岸线码头泊位群

城，6世纪中期已有海道通航。唐时设牧马监，明时设巡检司。民国十年（1921年），孙中山的《建国方略》将其规划为中国东部六大渔港之一。秀屿港处于厦门、马尾两港和上海、湛江两港的中心位置，港阔水深，深泊岸线长，气候温和，常年不冻、不淤、少雾。港口天然形成三道屏障，风浪小，是良好的避风场所。这里曾是莆田、仙游、惠安三县货物的吞吐口岸。改革开放后，秀屿港更获大力建设，为整个莆田地区大宗散货和重要物资提供中转运输服务，是台湾海峡两岸人流、货流的重要口岸。现主要发展液化天然气、散杂货和化工品运输，拓展物流业，逐步发展成为服务临港工业及城市物资运输的综合性港区。同时，秀屿港自古以来也是一处极佳的旅游胜地。石势峻峭奇丽，海波浩瀚澄碧，山环水抱，风景如画。明代曾有人在此修建园林亭榭，如今尚存不少崖刻的书法和画像，登高眺望远处的海面和港区胜景，甚为壮观。

肖厝港区。位于湄洲湾西岸，三面山峦环抱，岛屿罗列湾中。港内水域平稳，海域宽阔。肖厝港是湄洲湾石化基地的重要组成部分，规划发展为以石油及其制品为主，兼顾煤炭、集装箱等运输的综合性港区。

斗尾港区。位于湄洲湾南岸泉州惠安县净峰镇东北部，东临净峰惠女湾，是大陆至台湾西海岸的最近港口之一，也是湄洲湾石化基地的重要组成部分，规划发展为以大型液体散货运输为主的核心港区，并兼顾海工装备制造业的发展。

兴化港区。兴化湾位于莆田涵江区东部，海湾略呈长方形，由西北向东南展布。湾顶有木兰溪等河流注入。湾口朝向东南，出南日群岛经兴化水道和南日水道与台湾海峡相通。兴化湾拥有广阔的海岸资源以及滩涂和水产养殖基地等。湾区内潮流动力强，水体含沙量小。港区、航道海域水深长期处于稳定状况，为港口码头、深水航道建设创造了良好条件。兴化港现主要服务于兴化湾南岸临港产业的发展，以散杂货运输为主，并兼顾周边地区经济发展的物资运输。

（三）泉州港

泉州港已有1500多年的历史，曾以三湾十二港闻名于世，是中国古代海上丝绸之路起点之一。元代时，与泉州有贸易往来的国家和地区达到近百个，海船最多时有1.5万艘。"涨海声中万国商"，泉州港（亦称刺桐港）驰名中外，成为与埃及亚历山大港齐名的"东方第一大港"。

改革开放后，泉州港在原有基础上进行重建。现在的泉州港是福建建设21世纪海上丝绸之路核心区的重要基础，福建沿海地区性重要港口，全省综合运输体系的重要枢纽，也是福建省对外开放、深化闽台融合发展的重要窗口。泉州港由泉州湾、深沪湾、围头湾三个港区组成，根据《泉州港总体规划（2020—2035

年）》，未来将形成"一港三港区六作业区一作业点"的总体格局。泉州港大陆海岸线长约451.2千米，规划开发自然岸线长约22.1千米，规划可建万吨级以上泊位深水港口自然岸线总长11.6千米。至2022年底，泉州港共有生产性泊位52个，其中万吨级以上泊位13个。

泉州湾港区。泉州湾位于泉州市东部，北起惠安县的崇武半岛，南至石狮市的祥芝角，东濒台湾海峡，海岸线140余千米，为晋江、洛阳江汇合入海的半封闭海湾。历史上，泉州湾包括了后渚港、蚵江港、石湖港、洛阳港等。后渚港是泉州湾内最大的天然良港，也最靠近泉州市区，水陆交通极为方便，海上交通贸易历史悠久。现在的泉州湾是泉州港的中心港区、沿海内贸集装箱枢纽港、东南亚

泉州湾：石湖港

深沪渔港

地区最大的石材交易市场，包括秀涂、石湖、锦尚3个作业区。

2015年5月，起止于晋江和惠安，全长26.7千米，长度全国第六、福建第一的跨海交通基础设施工程——泉州湾跨海大桥建成通车。泉州湾跨海大桥是泉州环城高速公路的重要一环，对完善海西高速公路网、加强泉州市各片区之间的交通联系、促进泉州海湾型城市的形成具有十分重要的战略意义。泉州湾跨海大桥与泉州大桥、刺桐大桥、晋江大桥等，一座座大桥如长虹卧波，连接起古老又充满生机的泉州湾，成为泉州一道靓丽的风景线。

深沪湾港区。深沪湾介于泉州港北港与南港之间，北起石狮永宁镇，南至晋江龙湖镇衙口，是泉州港通往海外的必经之路。历史上，深沪湾包括祥芝港、

泉州港：围头湾（吴寿民　摄）

晋江围头湾

永宁港、深沪港、福全港等。其中位于南面的深沪港是深沪湾的中心，是重要的渔、商之港。福全港明代时为重要的海防哨所，施琅也曾在这里牧马练兵。因风俗淳美，这里已成为观光胜地。深沪湾海底古森林遗迹国家级自然保护区就坐落在晋江市深沪镇。现在的深沪湾港区是泉州港外贸化工原料的主要进口港区，主要发展散杂货和液化天然气运输，服务于地方经济社会的发展，包括梅林、深沪2个作业区。

围头湾港区。围头湾位于福建东南沿海、台湾海峡西岸，与金门岛隔海相望。历史上，围头湾包含有围头港、金井港、东石港、安海港、石井港等。围头港位于晋江市金井镇，围头湾口的围头角，为古泉州港的重要支港之一，泉州南北航线的中转站，也是海防要地。安海港为晋江著名古港，位于围头湾内西北方，依山襟海，扼晋江市水陆交通要冲。港湾曲折（相传古时有九十九湾），海面开阔，风浪小，历来是避风良港。石井港在南安石井镇，围头湾西北面，东与晋江东石、南与金门相望。水域宽广，可利用的海岸线长。港道内阔外窄，港池长年不淤，是天然良港。如今，围头湾港区拥有两岸旅客往返最便捷的黄金通道，是泉州港对台"三通"的主要港区，重点发展石材、粮食等和对台直航运输，逐步拓展集装箱运输，开拓外贸航线，包括围头、石井2个作业区和东石1个作业点。

（四）厦门港

厦门港是我国沿海主要港口之一，国家综合运输体系的重要枢纽、集装箱干线港、邮轮始发港和海峡两岸交流的重要口岸，是厦门国际航运中心和厦门港口型国家物流枢纽的主要载体，国家确定的四个邮轮运输试点示范港和八个国际船舶登记船籍港之一。根据《厦门港总体规划（2035年）》，厦门港包括厦门市和漳州市的九大港区，自然海岸线总长约899千米，规划港口岸线约106千米，主要港口资源分布在环厦门湾和环东山湾。至2022年初，全港建成生产性泊位182个，其中万吨级以上泊位79个；年货物通过能力1.31亿吨，集装箱通过能力1220万标箱。航道

厦门东渡港（潘宝福　摄）

总长705千米，其中万吨级以上深水航道210千米。2021年，厦门港集装箱吞吐量完成1204.64万标箱，增长5.6%，超高雄港218万标箱，赶超量首次突破200万标箱。连续三年在"中国十大海运集装箱口岸营商环境测评"中获评最佳成绩。海天码头获评全国最高等级、全省唯一"四星级"绿色港口称号。

　　厦门市港区。厦门湾位于东海南端、台湾海峡西岸，九龙江入海口附近，北起厦门白石经大担岛、二担岛、青屿至龙海市塔角。水域面积154平方千米，海

厦门港嵩屿集装箱码头装卸作业（王协云　摄）

岸线长109千米，最大水深达31米。东渡港区位于厦门湖里区，是厦门最重要、开发最成熟的商贸港区，也是厦门集装箱运输业的发源地，建成于20世纪70年代。随着40多年的改革与发展，原来的小小滩涂早已变身国内四大邮轮母港之一。东渡港区核心部分位于厦门岛内西岸同益码头到高集海堤之间，已建成泊位67个，其中万吨级以上泊位25个。以保持集装箱运输为主，发展国际邮轮、对台客滚，积极拓展现代物流和航运服务功能。海沧港区位于九龙江入海口，大屿以西、鸡屿以北隔海相望处，东起嵩屿，向南绕象鼻咀折向西至厦漳跨海大桥附近，岸线10余千米，包括嵩屿、海沧和角美三个作业区，是厦门港重要的组成部分。规划为主要发展集装箱干线运输，兼顾服务临港产业，积极拓展保税、现代物流和航运服务功能。已建成泊位39个，其中万吨级以上泊位29个。翔安港区已建成泊位5个，其中万吨级以上泊位3个。规划以集装箱和散货、杂货运输为主。

漳州市港区。东山湾是福建著名的港湾之一。沿岸分属东山、云霄、漳浦等县。湾口东山铜陵镇和漳浦古雷半岛，遥相对望。湾内水面2.4万多公顷，其中水深4～17米的面积有2万公顷，为东海和南海的交汇处。招银港区位于九龙江出海口、厦门湾南岸，与厦门港处于同一个开放水域，岸线长10千米。港区北视海沧、嵩屿、厦门，东视金门大担、二担等岛屿，外有青屿、白屿等岛屿为屏障，天然水深8～12米，是建造深水港区的理想区域。1992年12月，以招商局集团为主要股东的漳州开发区成立，并兴建漳州市第一座深水码头——招银港区3.5万吨级多用途泊位，打通了漳州市外向型经济的出海口。之后，漳州市开始大规模建设沿海港口基础设施。港区当前规划为以集装箱和散货、杂货运输为主，并服务临港产业发展。已建成泊位16个，其中万吨级以上泊位10个。后石港区位于厦门湾湾口、浯安水道西岸，水域岸线约10.5千米。港区与招银港区相连，2002年1月1日正式对外籍船舶开放。当前规划为主要服务临港产业，是以大宗散货码头为主的大型临港工业港区。已建成泊位3个，其中万吨级以上泊位2个。石码港区历史上是漳州市和龙海市水路运输的主要港区，位于九龙江下游西溪、南溪和南港两岸。当前规划功能定位是服务龙海地方经济，以杂货和建材运输为主。已建成泊位16个。古雷港区由古雷半岛古雷作业区和六鳌半岛六鳌作业区组成，其中古雷作业区有着优良的深水码头港址。古雷半岛，位于福建南部海岸，向南伸入东山湾与浮头湾间，东望菜屿列岛，西与东山岛对峙，北以林仓、新厝一线与杜浔相连，南面是太平洋。属漳浦县古雷镇，以岛上有古雷山得名，面积约40平方千米。古雷半岛原为近岸孤岛，因泥沙淤积而成陆连岛，岛上岩崖嶙峋，呈现千奇百怪、形状各异的花岗岩地形地貌，具有很高的观赏价值和旅游开发前景。漳州古雷港经济开发区于2006年设立。当前古雷港区定位主要为临港产业服务，以原油、石化产品运输为主，已建成泊位20个，其中万吨级以上泊位8个。未来，古雷将形成东、西、南三大区域，规划填海造地，发展高等院校和科研基地，完善港区内部建设。东山港区是漳州南部综合性港区，福建省主要对外口岸之一。港区位于东山湾湾口，水深域广，不冻不淤，北与古雷半岛相望，西南为诏安湾，西北有八尺门海堤与大陆相连，东隔98海里与澎湖列岛遥相对峙。湾口有塔屿、虎屿等岛屿为屏障，地理位置十分重要，是台湾海峡南北航线必经之地。从明代起，这里就是福建通往台湾地区和东南亚国家的重要港口。1958年在八尺门建海堤，使东山岛与大陆相连，港口公路与闽粤公路相通，经济腹地也从本岛延伸至闽南三角地带，并成为漳州市对外贸易窗口。1992年，国务院批准东山港对外国船舶开放。当前，东山港区规划功能定位是服务地方经济和临港产业发展。已建成泊位9个，其中万吨级以上泊位1个。诏安港区位于漳州诏安县东南梅岭半岛梅

东山港码头

东山港（冯木波 摄）

诏安港

古雷港（詹照宇　摄）

岭镇境域内，水域由诏安湾和宫口湾组成，是漳州市最南端的港区。面积约150平方千米，形如布袋，腹大口小，港口有城州岛和西屿，犹如两个门岗把守港口。港口东面有东山岛为屏障，西面有梅岭半岛为依托，东北面连接东山的八尺门，正北门依靠诏安的四都镇，西南与南澳岛隔海相望，正南面一片汪洋。这里水深浪平，形势险要，是远航经商和避风的理想良港。梅岭港曾经是漳州古代海上丝绸之路的重要港口，现主要服务地方经济和临港产业发展。

五、丰富的生物资源

福建沿海地处亚热带，东海和南海的过渡海域，海洋生物区系属北太平洋温带区系，既受闽浙沿岸水的影响，又受台湾暖流和南海水的影响，海洋动、植物种类繁多，生物多样性高，生物资源丰富，已记录的有5000多种。其中海洋植物1200多种，海洋无脊椎动物约3000种，海洋脊椎动物（海鸟、爬行动物和鱼类）约1000种，广泛分布于沿海从河口、潮间带、港湾至浅海和外海的区域。

（一）植物

红树林

红树林是生长在热带、亚热带潮间带的一种独特的森林植被类型，以红树植物为主体。红树植物植株树皮内含有单宁酸，与空气接触后发生氧化，呈红色，因此得名。红树林是重要的滨海湿地生态系统，有"海岸卫士""海洋绿肺"的美誉。

福建是我国红树林天然分布的最北省份，也是中国人工营造红树林历史最悠久的省份，现有红树植物9科11属15种，包括秋茄、桐花树、白骨壤、老鼠簕、木榄等。全省红树林面积为2.48平方千米，其中漳州最多，为1.68平方千米，宁德、福州、莆田、泉州、厦门也有分布。近年来，福建持续开展红树林保护修复，全省红树林面积持续扩大，吸引了四面八方的游客前来观光旅游。漳江口红树林国家级自然保护区入围2022年第六届最美地球印记名单。

漳江口红树林国家级自然保护区位于福建省漳州市云霄县漳江入海口，是以保护红树植物、湿地水鸟、东南沿海优良经济水产种质资源为主要对象的湿地类型保护区，总面积2360公顷。保护区1992年成立，1997年成为省级自然保护区，2003年6月晋升国家级自然保护区，2008年2月被列入国际重要湿地名录。

漳江口红树林国家级自然保护区是福建省迄今为止种类最多的红树林天然群

龙海万亩红树林（李储全　摄）

龙海九龙江口红树林省级自然保护区（龙海区委党史方志室　供）

落，是北回归线北侧种类最多生长最好的红树林天然群落，具有较高的自然属性和典型的红树林群落特征，具有保护研究价值，是湿地生物多样性的宝库之一。至2022年8月，保护区内红树林面积268公顷，主要树种有秋茄、木榄、白骨壤、桐花树、老鼠簕等5种，保护区范围内有鸟类15目38科154种。保护区还是许多水产资源的优良种质资源库，重要的经济鱼类种质资源有斑鰶、黄鳍鲷等，重要经济软体动物种质资源有泥蚶、多纹巴非蛤、长竹蛏、缢蛏等，重要经济种质资源有二色桌片参、黑斑口虾蛄、方格星虫等。

木麻黄

木麻黄为木麻黄科木麻黄属常绿乔木，耐瘠薄、耐盐碱、耐干旱，不怕海潮、不怕沙埋，生长迅速，通常可以达到30米左右的高度，被选为热带海岸地区防风固沙的主要品种，是守护海疆的绿色卫士。福建各地从20世纪60年代起，广泛学习推广东山种植木麻黄防治风沙的经验，至90年代后期，福建沿海建成了一道从北到南、长达3000多千米的沿海防护林带，彻底解决了风沙之患。

东山是福建第二大海岛，国家生态县。这里的海岸线上，随处可见挺立着的木麻黄，那是当地的老县委书记谷文昌，带领人民种下的防风固沙林，也是东山人民的"幸福林"。默默保卫着海岸的那一株株饱经沧桑的木麻黄，见证着万物的更新变换，无怨无悔地将自己奉献给这个世间。从空中俯瞰，蝴蝶形的东山岛，仿佛从东海飞起的一只绿蝴蝶。它的翅上镶着一条玉带，外源又嵌着一道银环，犹如东海中的一颗明珠。银环和玉带，就是东山岛的沙滩和绵延的海岸防风林带。

木麻黄是福建省第一大岛屿——平潭沿海防护林体系建设无可替代的树种，也是平潭综合实验区的区树。2021年，全区木麻黄种植面积达6万多亩，主要镇守平潭沿海各大风口。

海带

海带是多年生大型食用藻类，别名江白菜、昆布。海带的蛋白质中氨基酸种

海带

类齐全，比例适当。自古以来，海带就有"长寿菜""海上之蔬""含碘冠军"
等美誉。福建连江县、霞浦县都盛产海带。

连江县是"中国海带之乡"，海带养殖历史悠久，口感柔嫩、味道独特、营
养丰富，产业链完整、质量特色鲜明，是"最具影响力水产品区域公用品牌"，
产品远销往全国28个省市区及美国、日本等国家和地区。2017年，连江县筱埕镇
官坞海带被列入金砖国家领导人厦门会晤直供产品，并被福建省海洋与渔业厅授
予水产品专供基地。2019年10月，国家知识产权局批准对"连江海带"实施地理
标志产品保护。

霞浦海带富含多种微量元素，口感、营养、厚度等方面，都优于国内其他海
域生产的海带，已经获得中国有机产品认证。每年5月，是霞浦万亩海带收获晾晒
季节，涨潮时分，海面S形的航道上百舟争流，机声隆隆，渔民满载着希望归来，

马不停蹄地将海带运到各自的晒场。海滩山坡晒着，海面空中挂竿晾着，所到之处，除了海带还是海带，空气中弥漫着腥香味。渔民挑着肥硕水灵的海带涉滩而行，溅起金色浪花，让你叫绝；昨日还是光竿满海的辽阔海面，一夜之间全挂满海带，像节日喜庆的小旗迎风飘荡，此番美景，令人极目震撼，驻足忘返。

紫菜

紫菜又名紫英、索菜、子英等，是在海中互生藻类的统称，味道鲜美，营养价值和药用价值都较高，被称为"神仙菜"。紫菜制成中药，具有化痰软坚、清热利水、补肾养心的功效。福建霞浦县、漳浦县紫菜享有盛名。

霞浦是中国紫菜之乡，2021年底，全县养殖紫菜4.7万亩，干菜产量近万吨，年产值2.5亿元，养殖面积、产量均居全国沿海县（市）前列。霞浦紫菜主产区由于生态环境独特，故产品无论从形态、色泽、营养、口感等方面，都优于同类产

连江中麻紫菜

紫菜养殖

品。2009年，"霞浦紫菜"正式通过了国家工商总局商标局的审核，获得了地理标志证明商标注册证书。

漳浦县六鳌镇紫菜具有口感幼嫩、脆爽、清香、叶甜、无沙、营养丰富等优点。《漳浦县志》记载：宋朝时，六鳌紫菜列为贡品，清末民初，曾出口东南亚。2021年底，全镇紫菜养殖面积达1万亩，年产紫菜干品约2500吨，产值2亿元，是福建省最大的乡镇紫菜养殖基地。2015年，六鳌镇紫菜获评"国家地理标志产品"。

（二）动物

"蓝眼泪"

"蓝眼泪"是一种会发光的海洋浮游生物希氏弯喉海萤，其受海浪拍打等刺激时，会发出浅蓝色的光，当大量希氏弯喉海萤聚集的时候，就形成了无比美丽的荧光蓝海。"蓝眼泪"是我国沿海奇景之一，吸引无数人"闻泪而动"，主要分布在福建平潭龙王头、"十八楼"海滩、六秀山谷海滩、猴研岛等多处海滩，

平潭"蓝眼泪"（念望舒 摄）

平潭"蓝眼泪"（陈颖南 摄）

以及泉州净峰惠女湾，厦门海滨、筼筜湖畔。

平潭"蓝眼泪"一般于3月至10月间出现在周边海域，每年4月至8月是平潭岛一年之中遇见"蓝眼泪"概率最高的时候。平潭湾的希氏弯喉海萤闻潮而动，这群小小的精灵感知海浪的抚摸，以个体的浅蓝色光点，在海滩汇聚成"蓝眼泪"的奇观，吸引"追泪大军"前来打卡。

中华白海豚

中华白海豚是唯一列入国家一级保护动物的海洋鲸豚，同时是《世界自然保护联盟》濒危物种红色名录中的易危物种，素有"水上大熊猫"之称，分布于东南部沿海，厦门港水域是福建中华白海豚数量最多的海域（约80头）。虽然名为"白海豚"，然而刚出生的中华白海豚体呈深灰色，年轻的会呈灰色，至于成年的则呈粉红色。

中华白海豚（刘维顺 摄）

1997年，中华白海豚省级自然保护区设立于厦门，2000年升级为厦门珍稀海洋物种国家级自然保护区。2017年12月5日，中华白海豚保护行动计划（2017—2026年）启动仪式暨中华白海豚保护联盟成立大会在厦门成功举办，计划到2026年有效保护我国90%以上的中华白海豚重要分布区。2022年4月2日，宁德市霞浦县盐田乡南塘村前的海面上发现了两只中华白海豚。它们时而浮出水面，时而潜入水中，在养殖户劳作的小船旁边自由自在地畅游着，勾画出一幅人与自然和谐共处的海上"春耕"美妙画卷。

中华鲎

中华鲎是一种古老的海洋物种，早在4亿多年前就生活在地球上，堪称海洋里的远古遗民，是名副其实的"生物活化石"，为国家二级重点保护野生动物。鲎似蟹，比蟹大，其外形略呈马蹄形，在中国民间常被称为"夫妻鱼"。其实鲎既不是蟹也不是鱼。

中国鲎

中华鲎生长周期很长，需要近13年才能完成繁殖，产于长江口以南沿岸海域，福建省为主要产地，平潭是产量最大的县份之一。唐代刘恂在其《岭表录异》中写道："鲎鱼，其壳莹净滑如青瓷碗，鳌背，眼在背上，口在腹下，青黑色。腹两傍为六脚，有尾长尺余，三棱如棕茎，雌常负雄而行。捕者必双得之，若摘去雄者，雌者即自止背负之方行。腹中有子如绿豆，南人取之，碎其肉脚，和以为酱，食之。尾中有珠，如栗色黄。雌者小，置水中，即雄者浮，雌者沉。"

黄嘴白鹭

黄嘴白鹭，英文名为Chinese Egret，又称"中国白鹭"，2021年被列为国家一级重点保护鸟类，目前全球数量约2000只，十分珍稀。

据记载，1860年英国生物学家罗博特·斯温侯在厦门首次发现黄嘴白鹭。现在厦门海洋珍稀物种自然保护区内的大屿岛、鸡屿等岛屿上，分布有黄嘴白鹭、

厦门白鹭保护区

白鹭家园（叶传祖　摄）

霞浦县沙江镇古县村水田里的白鹭（朱世刚　摄）

白鹭等10种滨海鸟类，种群数量近3万只，是黄嘴白鹭的模式种产地。福鼎市日屿列岛是福建唯一的黄嘴白鹭繁殖与栖息地，也是黄嘴白鹭全球第二大繁殖地，数百只黄嘴白鹭在此安家、休憩、繁衍，享受海岛上的惬意时光。

厦门文昌鱼

文昌鱼作为脊索动物门头索动物亚门幸存物种，是无脊椎动物向脊椎动物演化过渡中典型的活标本，全身只有一个能跳动的腹血管以及一条直肠，身体扁长，两端尖细，呈半透明状。文昌鱼在世界各地的分布数量一般不大，唯有在中国沿海分布较广。福建、山东、广东沿海，文昌鱼被称"蛞蝓鱼"，一些地方的渔民也将其称之为"无头鱼""鳄鱼虫""薪担狗"。

厦门文昌鱼体长一般为42～47毫米，最大个体57毫米，成熟个体最小为29毫米，中国沿海均有分布，主要分布于厦门邻近海区，历史上以厦门刘五店产量最多，形成世界唯一的文昌鱼渔场。《同安县志》中早有记载："文昌鱼，似鳗而细如丝，产西溪近海处，俗谓文昌（指道教神明文昌帝君）诞辰方有，故名"。

文昌鱼

宁德大黄鱼

大黄鱼又称黄花鱼、黄瓜鱼、黄金龙，是我国特有的海水鱼类，曾居我国海洋"四大鱼类"之首，因其体色金黄、嘴唇鲜红、肉质洁白细嫩、营养丰富，广受我国及东南亚人民喜爱，有着"国鱼"的美誉。

宁德是"中国大黄鱼之都"，以其独有的"官井洋"大黄鱼产卵场与无工业污染的三沙湾地理环境优势和技术优势，成为我国大黄鱼人工养殖的发源地和国内的大黄鱼育苗与养殖基地。2020年至2022年，在三沙湾、交溪等重要海域和流域，累计增殖放流大黄鱼等20多个品种、59批次、15亿个单位。2020年7月，宁德大黄鱼入选中欧地理标志第二批保护名单。2022年，宁德大黄鱼产量19.47万吨，产值达88.75亿元。

三沙湾大黄鱼增殖放流（宁德市海洋与渔业局　供）

黄鱼加工（俞明寿　摄）

黑脸琵鹭

黑脸琵鹭，又名小琵鹭、黑面鹭、黑琵鹭、琵琶嘴鹭。因其扁平如汤匙状的长嘴，与中国乐器中的琵琶极为相似，因而得名；又被称为"黑面天使"或"黑面舞者"。黑脸琵鹭数量稀少，属全球濒危物种类别之一，据国际鸟盟组织的统计，目前全世界仅存约5000只。

黑脸琵鹭是候鸟，一般于每年3—4月到达繁殖地，10—11月间开始越冬。它们常在潮间带、红树林以及内陆水域的岸边浅水处活动，对环境极其敏感，因而其活动踪迹也能侧面反映一个地区的生态建设水平。近年来，宁德霞浦、泉州泉港、厦门翔安等地区的水域中都曾发现过黑脸琵鹭活动的场面，数量呈增加态势。2022年4月5日，霞浦福宁湾迎来60多只黑脸琵鹭和白脸琵鹭（其中黑脸琵鹭37只），它们停留在近岸滩涂，或嬉戏，或觅食，或在低空自由飞翔，场面壮观。

雁鸭

雁鸭是雁形目鸭科鸟类的统称，日常生活中常见的天鹅、鸭、雁等均在此之列。其中中华秋沙鸭、白头硬尾鸭、青头潜鸭被列为国家一级重点保护野生动物，大天鹅、鸿雁、鸳鸯等14种为二级。近年来，随着生态条件的不断优化，泉州德化、闽江源国家级自然保护区等都有发现中华秋沙鸭活跃的踪迹。

福建有着悠久的雁鸭养殖历史，诞生了许多具有地方特色的鸭类品种：漳州金定鸭，据《漳州府志》记载，已有200多年的养殖历史；莆田黑鸭，在我国饲养历史悠久，分布范围广，是我国著名的高产蛋鸭之一，也是我国唯一的黑羽蛋鸭品种；番鸭，又名瘤头鸭，原产中南美洲热带地区，至迟于18世纪便从海路被引入福建，这些品种极大地丰富了福建人的餐桌。

带鱼

带鱼，俗名白鱼、白带鱼，属鲈形目、带鱼科，是我国四大经济鱼类之一，广泛分布于我国沿海各省，其中福建带鱼属于东海—粤东群系，秋冬季自北而南

带鱼

进行越冬洄游，每年11月中旬至翌年1月由浙江渔场分批进入闽东、闽中渔场，形成冬季带鱼汛；春季由南而北进行产卵—索饵洄游，形成南北往复洄游。闽南—台湾浅滩渔场有一定数量的带鱼，不作长距离洄游，渔民称为"屈带"，属于区域性定居鱼群。

明代以来，福建沿海就多有带鱼产出的记录。20世纪50年代以来，带鱼逐渐成为福建沿海最重要的经济鱼类，长期处于全省海洋经济鱼类捕捞量的首位。2020年，福建省带鱼捕捞量达到12.88万吨。2021年，福建出口带鱼2339.72吨，约占全国带鱼出口数量的72%，远高于国内其他省区。

沙丁鱼

沙丁鱼是硬骨鱼纲鲱形目鲱科沙丁鱼属、小沙丁鱼属和拟沙丁鱼属及鳀科某些食用鱼类的统称。活跃于福建的沙丁鱼，属于金色小沙丁鱼属的闽南—粤东近海地方种群，《闽中海错疏》《福建通志》等书称之为鰛鱼，厦门亦有称之为青鳞鰛。其生存空间分布于水深120米以内的台湾海峡南部海域，幼鱼阶段除部分鱼群到达闽东近海索饵外，一般不作长距离洄游。产卵期在1—9月，盛产期在4—5

月。产卵后鱼群分散索饵，孵化后的仔、幼鱼分布在闽南、粤东近岸海区索饵，6—7月间部分幼鱼进入闽中、闽东近海索饵。8月以后向南作适温洄游，12月后到台湾浅滩较深海区越冬。

福建捕捞金色小沙丁鱼用围网，以灯光围网、围缯为主。福建省沙丁鱼产量不算丰富，2020年约为7000吨，但却是全国沙丁鱼出口的主要集散地。2021年，福建出口的沙丁鱼数量为57210.78吨，约占全国沙丁鱼出口数量的69%。

海鳗

福建海鳗属东海南部群系，属暖水性近底层鱼类，一般栖于水深50~80米的泥沙或沙泥海区。越冬场在渔山列岛至东引一带外海，春夏季向北向西作生殖洄游，冬季南下和向东作越冬洄游，产卵期较长，多集中在7—11月。

提起鳗鱼产业，福建当之无愧在国内坐"头把交椅"。1979年，福建首家养鳗场——福清南湾养鳗场成立。经过40多年的积淀，全省已形成整条产业链，鳗鱼产量、品种数量、烤鳗产量、鳗鱼饲料产量及鳗鱼出口创汇等数据均居全国首位。近年受到疫情等因素影响，原本大宗出口日本的鳗鱼正"游回"国内闯市场，带动鳗鱼中餐化发展。如今，福建鳗业秉持新的理念，转型升级、规范生产、提质增效、补齐短板，加快推动福建鳗业高质量发展。

蓝点马鲛

蓝点马鲛，俗名尖头马加、马加，是鲭科马鲛属的一种鱼类，体长而侧扁，呈纺锤形。蓝点马鲛肉味鲜美，以鲜食为主，亦可盐渍保藏，还有提神醒脑和抗衰老的食疗作用，对预防早衰、治疗贫血、产后虚弱、营养不良和神经衰弱等病症起到一定的效果。

福建的蓝点马鲛，冬季分布于浙江中部至闽中近、外海水深80米左右的渔场；春季从外侧分批向港湾、近岸水深15～30米海区作生殖洄游，形成闽东沿

岸、牛山、兄弟岛—厦门沿岸海区的产卵场，产卵期在3—6月；秋季由外往南游向越冬场。

龙头鱼

龙头鱼，俗称水潺、豆腐鱼、水淀鱼，是我国东海和南海常见的一种小鱼，广泛分布于我国的南海、东海和黄海南部，浙江温台和舟山近海以及福建沿海产量较多。清聂璜《海错图》记载："龙头鱼，产闽海。巨口无鳞而白色，止一脊骨，肉柔嫩多水，亦名水淀，盖水沫所结而成形者也。"明代屠本畯《海味索隐》描写龙头鱼"丰若无肌，柔若无骨，乳沉雪山钵底，酥凝玉门关外"，这赞誉简直可与形容美女的"肤如凝脂，出水芙蓉"相媲美。

关于龙头鱼的来历，有一个传说。话说这龙头鱼原来不叫这个名字，只是一种默默无闻的鱼类，虽然其貌不扬，却有副好心肠，十分善良。正所谓人善被人欺，鱼善有时也是这种待遇。有一次当时在鱼类中称霸的鳓鱼找到龙王，要寻骨头强身健体。龙王不知是欺软怕硬还是和这鳓鱼私交太好，下令让海中的百鱼各捐赠一根骨头。而当时还名叫"水定"的龙头鱼，就把自己身上仅有的一根硬骨捐了出去，于是有肉无骨，站不起来，直接"瘫痪"了。龙王看到水定的惨状，自知太纵容鳓鱼而害了无辜又好心的水定，于是为了补偿，便把自己一把珍贵的龙头拐杖插入水定的身体中，并将它认作干儿子。从此昔日小透明的水定，变成了鱼虾见之如见龙王的龙头鱼。

龙头鱼

跳跳鱼

跳跳鱼，中文学名为弹涂鱼，是虾虎鱼科、弹涂鱼属的一种鱼类，因其常依靠自己发达的腹鳍在滩涂上跳跃，故而被形象地称为跳跳鱼。其易于养成、肉质鲜美、营养丰富，具有活血舒筋等药用功效，对手术后的病人及产后妇女有较好的滋补功效，受到浙江、福建、台湾、广东各地群众的喜爱。

八闽文献里常见到弹涂鱼的身影。《海错百一录》说，跳鱼产咸淡水，大如指，肉细味清，腹有黄子尤胜，泉州漳州称花跳，福州呼江犬，仙游谓之超鱼。民国《霞浦县志》描述道："跳鱼，一名弹涂，又名泥猴。藏海泥中……味亦清，颇可口。"《澎湖纪略》说："生海屿边泥涂中，大如指，善跳，故名，俗曰花鱼，以其身有花文也。作羹食，味颇佳。"在福建，闽东弹涂鱼地位最高，是招待贵客的海鲜名菜。

抓跳跳鱼

银鲳

银鲳，俗名白鲳，是近海暖温性中下层鱼类，栖息于水深30～70米海域，喜在阴影中群集，早晨、黄昏时在上中层。冬季在外海越冬，春季由深水向闽东近海水域作生殖洄游，秋季向东南外海作越冬洄游，4—5月在闽东近岸的嵛山与四礵之间海区产卵。福建沿海全年都可生产，闽东渔场产量较多。

银鲳是名贵的海产食用鱼类之一，味道鲜美，肉质细致又少刺，每百克肉含蛋白质15.6克、脂肪6.6克，尤其适于老年人和儿童食用。闽南人就有"一尾白鲳，较好海产万箱"的俗语。

银鲳

乌贼

乌贼本名乌鲗，又称花枝、墨斗鱼或墨鱼。乌贼遇到强敌时会以"喷墨"作为逃生的方法并伺机离开，因而有"墨鱼"等名称。

福建的乌贼主要有日本无针乌贼、虎斑乌贼、拟目乌贼、金乌贼、白斑乌贼等。其中日本无针乌贼分属浙南—闽东种群及闽中群、闽南群。春季分布于外侧海区越冬场的群体先后游向近岸产卵场，闽南群3月下旬至4月上旬自东南外海游向兄弟岛、东椗岛和漳浦沿岸海区产卵；闽中群3月下旬至5月上旬先后进入崇

乌贼

武、乌坵、牛山等近岸海区产卵；浙南—闽东群3月下旬起先后进入浮英、崞山、台山、南北麂近岸海区产卵，9月先后分散索饵，随后游向越冬场。

对虾

对虾，又称大虾，之所以称之为对虾，是因为此种虾个头较大，过去在北方市场上通常以"一对"为单位计算售价，所以得名。我国常见的对虾品种包括南美白对虾、斑节对虾、中国对虾等，其中中国对虾又称明虾，属于地方性特有种，是对虾属中产量最高的品种之一。

对虾

福建省的对虾养殖始于20世纪70年代末。1991年福建省对虾养殖面积就已达到15300公顷，年养殖产量3万吨。对虾养殖业曾作为出口创汇的拳头产品之一，在福建渔业经济发展中发挥重要作用。然而，20世纪90年代初由于白斑综合征等因素影响，福建对虾养殖业受到重大损失。此后随着技术研究与推广，福建对虾养殖业开始逐渐复苏，据《2020中国渔业统计年鉴》，福建对虾产量19万吨，居全国第三位。福建对虾产业正在逐步形成一个苗种、养殖、饲料、加工、贸易齐发展的全产业链。

龙虾

龙虾是一种节肢类的海产品。它头胸部较粗大，外壳坚硬，色彩斑斓，有一对强大的眼上棘，可谓姿态威猛。中国产的龙虾至少在8种以上。

龙虾养殖，对温度、水质、饵料等都有较为苛刻的要求，但由于其经济效益高，仍然受到许多人青睐。诏安县等地方结合自身区位优势，探索"政府+企业+贫困户"的模式，引导技术与资金进入农村，在部分村落发展龙虾淡水养殖，打造"扶贫虾"产业，使之成为乡村振兴的有力引擎。

三疣梭子蟹

三疣梭子蟹，俗称白蟹、三点蟹、枪蟹，是我国重要的食用蟹，喜栖息在近海浅海，福建及福建以南的海域分布较多。三疣梭子蟹善于游泳，又被叫作泳蟹和渡蟹。荀子《劝学》里写"蟹六跪而二螯，非蛇鳝之穴，无可寄托者，用心躁也"，实际上所谓的螃蟹都属于十足目，应该是"八跪二螯"，若不是后人传抄有误，荀子文中说的蟹最有可能就是三疣梭子蟹——他把梭子蟹的那对游泳足排除在外了。

在冬季洄游季节的三疣梭子蟹最为健壮，其个儿大、肉肥、味美，含有丰富的蛋白质、钙、磷等营养成分，可制作成多种菜肴。古往今来，有许多文人墨客赞美三疣梭子蟹的美味。唐代诗人白居易有言"陆珍熊掌烂，海味蟹螯成"，将海蟹螯足与熊掌相提并论。

锯缘青蟹

锯缘青蟹

锯缘青蟹又叫青蟹、黄甲蟹、蟳，是一种高蛋白低脂肪的海鲜产品，肉质鲜美，营养丰富，有滋补强身之功效，特别对哺乳期女性有催乳和增乳的药效，素有"海鲜珍品"之誉。锯缘青蟹盛产于温暖的浅海中，主要分布在中国浙江、广东、广西、福建和台湾的沿海等地。

福建人与锯缘青蟹的缘分可谓长久，宋淳熙《三山志》中就已有关于它的记载："蟳蚶，俗呼为蟳，扁而大，后两足薄阔，谓之拨棹。饱膏者曰赤蟹。"可见至迟在宋时，锯缘青蟹就已经走上了福建人的餐桌。时至今日，"红蟳抱桂圆""消炖红蟳汤""红蟳蒸糯米""红蟳蛋"等菜品仍然是福建酒宴中的名菜。宁德霞浦的牙城蟳（七都蟳）在闽浙两地闻名遐迩，福州琅岐红蟳、漳州仙塘红蟳等则被列为国家地理标志产品。

翡翠贻贝

翡翠贻贝，又称青口贝、海红、壳菜，是重要的经济贝类之一。翡翠贻贝不只美味，还是一种富含蛋白质、低脂肪、低热量的食材，被称作"海中牛奶"，更富含多种人体必需的矿物质。

翡翠贻贝是大众化的海鲜品，可以蒸、煮食之，也可剥壳后和其他青菜混炒，味均鲜美。福建居民早在唐朝就采集青口贝作为佳肴，古书中载有青口贝"生东南

翡翠贻贝

海中，似珠母，一头尖，中御小毛，味甘美，南人好食之"等词句。由于产量大，收获后不易保存，翡翠贻贝可煮熟后加工成干品即青口贝。平潭地区有取鲜大贻贝剖开晒干的做法，美其名曰"蝴蝶干"。

扇贝

扇贝，软体动物门，扇贝科，是我国重要的贝类养殖品种。扇贝可食部分的主要营养成分为蛋白质，与鱼类、虾类相似，是一种重要的水产食物。我国沿海分布的扇贝有40多种。

扇贝最主要的食用部分为其闭壳肌，即扇贝柱，其干制品俗称干贝，也称瑶柱，是我国传统"海八珍"之一，深受消费者喜爱。漳州古雷从20世纪70年代开始就建立扇贝养殖基地，50多年来，扇贝养殖成为渔民创收的重要途径。东山岛黄金扇贝的各式煮法备受青睐，是令人魂牵梦绕的撸串必备菜品。

鲍鱼

鲍鱼，是一种名贵的海洋食用贝类，由于形似人耳，因此也称为"海耳"。

中国是世界第一鲍鱼养殖大国，养殖区域主要集中于福建、广东、山东等

东山鲍鱼（陈志铭　摄）

省份，其中又以福建省尤为突出，所谓"世界鲍鱼看中国，中国鲍鱼看福建"。2021年，全国鲍鱼产量21.78万吨，其中福建鲍鱼产量超过17.24万吨，占到全国近80%。莆田出产的南日鲍，是地方自己培育的优秀品种，被列入国家地理标志产品名单。福州连江是鲍鱼养殖一大重镇，被誉为"中国鲍鱼之乡"。福州的鲍鱼养殖开始于1980年，当年在苔菉镇建立基地，开展长崎盘鲍育苗工作。30多年来，福州鲍鱼养殖业正逐步走向专业化、精细化，全国首个深海鲍鱼机械化养殖平台"振鲍1号"、省内首个本土研发的深远海养殖平台"福鲍1号"等设备纷纷投产，让福州成为全国深远海鲍鱼养殖的先行者。

花蛤

花蛤通常又称杂色蛤，是贝壳类海产品，学名菲律宾蛤仔，南方俗称花蛤，辽宁称蚬子，山东称蛤蜊。花蛤广泛分布在我国南北海区，其中福建与广东产量最多。它生长迅速，养殖周期短，是我国四大养殖贝类之一。泉州湾、围头湾、深沪湾等地均有过大量人工养殖。

花蛤是福建人餐桌上常见的营养家常菜。它肉味鲜美、营养丰富，蛋白质含量高，氨基酸的种类组成及配比合理；脂肪含量低，不饱和脂肪酸较高，易被人

青蛤

体消化吸收，还有各种维生素和药用成分。福州连江县晓澳镇、莆田城厢区灵川镇等地也被誉为"中国花蛤之乡"，"莆田花蛤"更是国家级农产品地理标志产品，以其为原料生产的蛤晶调味品荣获中国烹饪协会中餐科技进步奖一等奖。

荔枝螺

荔枝螺是骨螺科中体形中等或偏小的一大类群，贝壳呈卵圆形或纺锤形，壳面多具结节或瘤状，棘状突起，贝壳坚实，因此在中国台湾也被称为岩螺。沿海均有分布。

在闽浙沿海一带，有渔谚云"三月三，辣螺爬满滩"，说的是每年农历三月三前后，随着大地转暖，气温开始升高，浅水处辣螺（疣荔枝螺）会争相爬上滩头岩礁间繁殖。疣荔枝螺富含蛋白质、维生素A、多种矿物质以及微量元素，营养价值颇高，中药古方记载和民间长期食用证实其具有良好的消炎止肿作用，是福建海域常见食用螺类。

西施舌

西施舌又叫海蚌，古时称为"蟀"。打开它的外壳，晶莹洁白的肉体就从缝隙里吐出来，犹如美人之舌。相传，春秋战国时期，越王勾践被吴王夫差战败后，卧薪尝胆，加上巧施美人计，一举灭亡了吴国。有功的西施本应得到褒奖，但王后担心勾践迷恋西施，重演吴王夫差覆辙。于是她偷偷地叫人骗来西施，在西施身上绑上大块石头并沉入海里。后来沿海的泥沙中出现了一种酷似人舌的海蚌，大家都附会说这便是西施的舌头，故称西施舌。

西施舌生活在海边潮间带特有的沙质滩涂中，福建福鼎、罗源、连江、长乐、平潭、惠安、晋江、厦门、东山、诏安等县市的沿海都有出产西施舌，但以长乐的漳港、石壁一带产量较多。"长乐西施舌"主要分布在长乐闽江口梅花穿山行以南至文武砂一带，具有个体大、肉质脆、味道鲜美的显著特点，为珍贵的食用贝类，曾被定为"贡品"。著名作家郁达夫在福建时，曾称赞西施舌是闽菜中色香味形俱佳的一种"神品"。

蛏

蛏为海产贝类，软体动物，有缢蛏、竹蛏等种类。缢蛏通称"蛏子"，又称蜻，生长在淡水与海水交接的滩涂泥沙之地，能够吸收充足的养分，肉质肥美无比，尤其是初夏之时，更是绝佳美味。缢蛏汤汁清甜醇美，有滋补、清热、除烦

蛏

之功效，是妇女产后滋补良品。闽东沿海人工养殖缢蛏已有400余年历史，《本草纲目·介二·蛏》载："闽、粤人以田种之，候潮泥壅沃，谓之蛏田。"

福建连江晓澳镇享有"缢蛏之乡"的美誉，这里出产的蛏个大、壳薄，肉质甘甜肥美，营养价值极高，除供鲜食外还可加工成罐头、蛏干和蛏油等。多年来，当地村民通过耕海牧渔走上小康路。2021年，百胜村共有蛏田3000多亩，约70%村民从事蛏养殖，年产值可超千万元。

海涂收蛏

六、独特的历史人文

福建是古代海上丝绸之路的东方起点之一，也是海上丝绸之路重要的参与者。宋元时期，泉州港一度成为世界上最大的贸易港之一。悠久的海上交通史，奠定了福建作为中外文化交流津梁的特殊历史地位。福建对异域文化的吸纳，丰富和提升了中华文化的内涵；而福建文化在海外的广泛传播，则扩大了中华文化的影响。

福建历史悠久，荟萃人文享誉中外。福建有着深厚的文化底蕴，自古以来文风鼎盛、人才辈出。福建作为中华海洋文明的主要发源地，有距今7000多年的壳丘头文化和距今5000多年的昙石山文化。商周时期有闽族和闽越族生活在福建，见于史书的历史可追溯到上古先秦。留存下来的汉代古遗址，展现了古闽越国历史人文的繁荣景象。两宋时期，福建人文兴盛，进士人数位居全国之首。福州三坊七巷，是历代世家大族的聚居地，堪称半部中国近现代史。清代洋务运动时期，福建航政学堂所培养的严复、王寿昌、陈季同等一大批优秀人才，成为西学东渐和推动民族工业、教育、文化等事业发展的先驱。福建文化多元，历代以来孕育、发展并形成了闽都文化、朱子文化、畲族文化、闽南文化、船政文化、红色文化等主要品牌文化；民族英雄郑成功、林则徐，思想家朱熹、李贽，史学家郑樵、袁枢，文学家刘克庄，翻译家严复、林纾等杰出人物，对中国历史文化产生了重大影响，他们为中华民族的繁荣和发展作出了不可磨灭的贡献。斑斓多彩、兼容并蓄的福建文化，既保持着鲜明的地域特色，又是中华民族多元一体文化的重要组成部分。

福建山水秀美，名胜古迹星罗棋布。福建物产丰饶，空气清新，环境优美，是一块难得的宜居福地。历代名胜古迹，或以山胜，或以水名，或以洞闻，或山水俱佳，各有特色，不胜枚举，成为海内外游客的网红打卡点。其中，"厦门鼓浪屿：历史国际社区"、"泉州：宋元中国的世界海洋商贸中心"、福建土楼、武夷山、泰宁丹霞等被列入世界遗产名录，海上丝绸之路、三坊七巷、闽浙木拱廊桥、闽南红砖建筑、万里茶道等古迹列入中国世界文化遗产预备名录。全省有福州、泉州、莆田等国家历史文化名城，有建瓯等省级历史文化名城；有福州三坊七巷、泉州中山路等中国历史文化街区，以及福州上下杭、朱紫坊等省级历史文化街区。至2023年6月，福建有海丝文物218处，全国重点文物保护单位169处，省级文物保护单位942处，涉台文物1515处。福建涉台文物约占全国涉台文物总数的四分之三。

福建民俗多姿，乡土风情独具魅力。福建民众在生产生活习俗、岁时节庆、地区方言、民间信仰和崇拜等方面，都呈现出了鲜明的民族特色和地域特点，号称"十里不同风，百里不同俗"，在长期的生活劳动中，形成了多姿多彩的民俗风情。其中，妈祖信俗、南音、送王船等8项世界闻名的民俗文化，被列入人类非物质文化遗产名录；妈祖祭典、惠安女服饰等29项民俗，被列入国家级非物质文化遗产代表性项目名录；木拱桥传统营造技艺、水密隔舱福船制造技艺入选联合国急需保护的人类非物质文化遗产名录；福建木偶戏传承人培养计划入选联合国非物质文化遗产优秀实践名册。福建是我国迄今在国际非遗保护三个系列上获得大满贯的唯一省份。至2022年12月，全省有国家级非遗代表性项目145项，非遗代表性传承人143人，文化生态保护（实验）区2个；有省级非遗代表性项目705项，保护单位775个，非遗代表性传承人917人。福建多姿多彩的民俗风情，积淀了丰富灿烂的历史文化，是中华文明的一方沃土。

（一）世遗风采

1. 世界文化遗产

鼓浪屿：历史国际社区

鼓浪屿在多元文化共同影响下发展、完善，形成近代居住型社区，是世界文

鼓浪屿菽庄花园
（董复东　摄）

日光岩寺

鼓浪屿日光岩
（董复东　摄）

化交流融合的特殊案例。外来多元文化与华人文化的碰撞、共存和融合，形成了鼓浪屿独特的文化特征。岛上有近1000个遗产点被列入世界文化遗产。

鼓浪屿位于厦门岛西南隅，是一座面积为1.88平方千米的小岛，隶属于厦门市思明区，与厦门岛隔海相望。它开拓于宋末元初，在19世纪中叶到20世纪中叶的一百年历史中，受到来自中国闽南地区、西方国家和亚洲国家等多元文化的共同影响，其面貌发生了巨大的变化。鼓浪屿以其完整的发展历程，见证了19世纪

鼓浪屿全景图

至20世纪当地传统社会向新社会形态转变的历史变革。鼓浪屿历史国际社区融合了传统的闽南风格、西方古典复兴和游廊式的殖民风格等不同的建筑风格。岛上公共租界时期的国际化公共社区的整体空间结构、环境要素、历史建筑，都被相对完整地保护下来，保持着清晰的城市肌理。这些都是多元文化融合的杰出证明，也是20世纪初现代主义风格和装饰艺术的综合。

2017年7月8日，在波兰历史文化名城克拉科夫举行的联合国教科文组织世界

夜色下的鼓浪屿

遗产委员会第41届会议上，"鼓浪屿：历史国际社区"以符合世界遗产第Ⅱ条和第Ⅳ条标准，列入世界遗产名录。

泉州：宋元中国的世界海洋商贸中心

泉州是10世纪至14世纪亚洲海洋贸易的商贸中心，被誉为"东方第一大港"，并以别具一格的"Zaytun（刺桐）"之名流传于世，对该时期亚洲海洋贸易的繁荣和社会发展作出了突出贡献。

泉州位于江口平原的城区，为海上运行中枢，东南面的辽阔海域是其对外联系的门户，西北面的广袤山区是其产业基地。宋元时期，中央政权在此地设立市舶司，使其成为国家级对外经济与文化交流窗口。依托强大的国力，泉州具备强劲的跨洋贸易驱动力，成为亚洲海洋东端最为重要的中心港口之一。泉州系列遗产由22处代表性古迹遗址构成，系统地涵括了宋元泉州海外贸易经济体系中的管理、生产、运输、交易、消费、服务等核心环节，覆盖了从港口、城市到腹地的地理和经济区域空间，展现了多元的社会结构和文化交流。22处遗产组成部分具有紧密关联、体现共同保障贸易运行的建筑与场所，有承担贸易运行中枢职能的城市功能布局与空间结构，有体现商品制造能力的手工业生产基地，还有体现强

大运输能力的海陆复合交通网络，等等。

2021年7月25日，在福州举办的联合国教科文组织第44届世界遗产大会上，"泉州：宋元中国的世界海洋商贸中心"列入世界遗产名录。

福建土楼

福建土楼集居住和防御功能于一体，与山水交融、与天地参合，是世界上独一无二的山区民居建筑，是人类民居的杰出典范。它体现了聚族而居的儒家传统观念，反映了聚集力量、共御外敌的现实需要。

福建土楼产生于宋元，成熟于明清及民国时期。土楼以石为基，以生土为主要原料，分层交错夯筑，配上竹木作墙骨牵拉，丁字交叉处用木材定型锚固，形成坚不可摧的堡垒。为防火攻，门上设有漏水漏沙装置，紧急时楼内居民还可从地下暗道逃出。福建土楼将源远流长的生土夯筑技术推向极致，是福建民居中的瑰宝。同时，又糅进了人文因素，堪称"天、地、人"三方结合的缩影。数十户、几百人同住一楼，反映客家人聚族而居、和睦相处的家族传统。楹联匾额、私塾学堂、壁画彩绘等遗存，呈现了历代土楼人家"修身齐家"的理想和"止于至善"的追求。

承启楼内景（胡家新 摄）　　田螺坑（严孙锦 摄）

作为世界文化遗产的46座福建土楼由"六群四楼"组成。2008年，在加拿大魁北克城举行的第32届世界遗产大会上，46座福建土楼被列入世界遗产名录。

2. 世遗预备项目

海上丝绸之路

在海上丝绸之路的发展过程中，福建省扮演着极其重要的角色，泉州被联合国认定为"海上丝绸之路"的起点之一。"海上丝绸之路"是历史上连结东西方文明的重要海上通道。在过去漫长的岁月里，中国和亚洲、非洲，乃至欧洲、拉丁美洲的许多国家和地区，通过海上丝绸之路建立了直接和间接的经济、文化、政治联系，这种联系对中国和相关国家、地区的发展产生了持久深远的影响。

福建地处我国东南沿海，自古就是我国对外沟通的重要门户。八闽大地上至今保存了大量与海丝有关的文化遗产，有汉代的福州港，西晋时期的"温麻庙"，南朝时期的怀安窑、磁灶窑，唐五代时期的甘棠港，宋代的后渚港沉船、九日山祈风石刻，元代"东方第一大港"泉州港，明代的漳州月港、德化瓷、妈祖信仰，以及清代的武夷茶，都是福建海上丝绸之路繁荣兴盛的历史见证。海上丝绸之路作为古代东西方重要海路交通，以商贸为依托，承载着政治交往、文化互动、宗教传播、科技交流、移民往来、艺术交融等广博的内涵，是沿线各地区进行跨区域、跨民族、跨文化交流的和平之路，对世界文明的发展进程产生了巨大推动和重要影响，遗留下许多相关的物质和非物质文化遗产。文化遗产以4座申遗城市最为丰富，而泉州具有主导地位，这既是福建省在海上丝绸之路地位的体现，也是福建省高度重视海上丝绸之路申报世界遗产工作的成果。

海上丝绸之路于2012年被列入我国世界遗产预备名录，福建泉州是遗产点之一。该项目申报的遗产点有数次变更，遗产点还有江苏南京、浙江宁波和广东广州等城市。

福建省"丝路海运"启动运营（王协云　摄）

三坊七巷

三坊七巷历史悠久，展现了中国古代里坊制度的历史面貌，并见证了其变迁历程。2013年列入我国世界遗产预备名录，2015年被评为国家级历史文化街区，2022年被文化和旅游部列入首批国家级旅游休闲街区，并入选"2021全国文化遗产旅游优秀案例"。

三坊七巷地处晋代子城之外，唐代罗城之内，东靠福州城的中轴线，西以安泰河及唐五代城墙为边界，南以乌山、于山两山为依托，是传统士族居住区。它源起于唐代，完善于宋代，明清鼎盛时期的古老坊巷格局至今基本保留完整，是中国都市仅存的一块"里坊制度活化石"。坊巷内保存有200余座古建筑，许多有重要影响的人物皆曾居住于此。自唐宋以来，三坊七巷一直是福州地区士大夫、富绅之家的聚居地。尤其是近代以来，三坊七巷名人辈出，其代表人物如林则徐、沈葆桢、林旭、严复、林觉民等，他们在中国近代以来的重要历史事件中扮演了重要角色。

三坊七巷

　　三坊七巷有世界级非遗项目8个、国家级非遗项目22个、省级非遗项目11个、市级非遗项目6个，中华老字号企业6家，已成为集旅游、购物、人文鉴赏为一体的经济生活区，是外地游客来榕首选打卡点。

闽浙木拱廊桥

　　闽浙木拱廊桥于2012年被列入我国世界遗产预备名录。我国现存木拱廊桥100多座，主要分散在福建东北、浙江西南边界一带。其中福建12处，分布在福建寿宁、屏南、周宁、政和等地。

　　木拱廊桥是我国古代桥梁建筑的"活化石"，在我国传统木构件中是技术含量最高的一类结构形式，为世界桥梁史上绝无仅有的珍品。它不用钉铆，以梁木穿插别压形成"八字结构"拱桥。因形似彩虹，又称虹桥；因桥上建桥屋，又俗称"厝桥"。桥梁教科书将它定名为贯木拱桥。北宋名画《清明上河图》中那座横跨汴水的虹桥就是木拱桥的典型代表。闽浙木拱廊桥将地域特色与桥梁结构技术集于一身，把民俗文化、宗教信仰、交通功能等融为一体，具有很高的历史价值、科学价值和艺术价值。寿宁是世界贯木拱廊桥之乡，现存古代木拱廊桥19座，数量居全国各县之首。单拱跨度全国最长和最短的木拱廊桥均在寿宁。

寿宁县木拱桥传统营造技艺于2008年入选国家级非物质文化遗产名录，2009年被列入联合国教科文组织急需保护的非物质文化遗产名录。2012年，寿宁县鸾峰桥、杨梅州桥、大宝桥作为闽浙木拱廊桥的重要组成部分（闽浙两省7个县22座木拱廊桥）入选"中国世界文化遗产预备名单"。

闽南红砖建筑

闽南红砖建筑，是伴随闽南民系的发展，从中国传统民居演变而来的极其独特的民居形态，广泛分布于福建东南沿海地区的莆田、泉州、厦门、漳州和台湾

海商聚落——土坑古民居（陈荣玉　摄）

华山古民居（石狮市文化体育和旅游局 供）

地区。2012年，闽南红砖建筑被列入我国世界遗产预备名录。当年，福建省将红砖建筑列入涉台文物名录。

闽南红砖聚落，是闽南传统地域文化的见证，并对其后的建筑形态产生了较为深远的影响。聚族而居、敬宗收族的传统，严谨的组织结构和空间布局，反映出传统的理学思想、家族制度在这里的深远影响；而根源于地域环境的海洋文化外向性特质，又造就了这些聚落与众不同的浓烈色彩、大胆夸张的建筑造型和对建筑装饰的由衷热爱。闽南红砖建筑以花岗岩与红砖做墙体，以红瓦做屋面，并伴有丰富雕饰，具有前埕后厝、坐北朝南、五开间加双护厝，以及红砖白石双翘脊加燕尾等特点，极具特色。闽南红砖建筑见证着宗族的历史迁徙和开拓精神，承载着当地人民的血脉渊源，包含了传统文化底蕴，反映了闽南文化自明代以来复杂的变迁历程。台湾和东南亚的很多红砖建筑皆源自闽南，这也是闽台两地一家亲的见证。如台北陈氏祖宅、大溪李姓祖屋、麻豆林氏住宅等传统民居，都完好地表现了闽南红砖古厝的风格特点，与闽南传统民居一脉相承，成为连接两岸民众心灵的纽带。

（二）遗迹遗存

1. 历史名城

有福之州——福州

福州简称"榕"，别名榕城、有福之州，秦汉时期名"冶"，后因境西北有福山而更名为"福州"。福州建城于公元前202年，历史上曾长期作为福建的政治中心，现为福建省省会、福州都市圈核心城市、国家级历史文化名城。

福州地处中国华东地区、福建东部、闽江下游及沿海地区，是国务院批复确定的海峡西岸经济区中心城市之一、滨江滨海生态园林城市、首批对外开放的沿海开放城市、海洋经济发展示范区、海上丝绸之路门户，以及中国（福建）自由

贸易试验区组成部分。

　　福州历史悠久，人文荟萃。人类文明始自新石器时代晚期昙石山文化。战国至秦汉，福州先民与越王勾践后裔融合形成闽越族地方政权。自汉武帝平定闽越，迁民于江淮之间后，这一繁荣的地方王国曾一度凋零衰落。晋太康三年（282年），太守严高筑子城，凿西湖、东湖灌溉农田；东晋衣冠士族与百姓南渡，许多姓氏举族入闽，带来中原地区先进的生产技术和文化，促进福州经济、文化的复苏与发展。唐开元十三年（725年），福州升为都督府，府治设在州城内（今鼓屏路），福州之名始用至今。历史上，福州（港）作为中国古代海上丝绸之路的重要启泊地之一，肇始和奠定了对外商贸格局，推动、繁荣和发展了中国海上丝绸之路，成为沟通中国与海外文化交流和商贸往来的重要通道。唐末，王审知主闽，在子城外筑罗城和南北夹城，北面横跨越王山（即屏山），并将南面九仙山（即于山）、乌石山围入城中，开凿了绕护罗城南、东、西三面的大壕沟，奠

福州闽江夜景

定"三山鼎峙，一水环流"的独特城市格局，福州从而有"三山"别称。宋治平二年（1065年），张伯玉知福州，编户植榕，绿荫满城，使"榕城"福州声名远播。其后，蔡襄、程师孟、曾巩、赵汝愚、梁克家、辛弃疾等诸多名人相继主政福州，励精图治，促进经济文化发展，福州遂享有"海滨邹鲁"的美誉。宋末、明末福州两度成为临时帝都。鸦片战争后，福州被辟为五口通商口岸之一。随着洋务运动兴起，设于福州的船政成为中国近代海军摇篮，又是中国近代文教和科技人才的摇篮。

福州人杰地灵，名人辈出。历史名人有众多的行迹、故居和祠墓，使福州古城添色不少。如祀汉无诸的闽越王庙，晋太守严高倡筑的子城遗迹，唐五代闽王王审知德政碑，宋代理学家黄榦墓，祀爱国名臣李纲的西湖桂斋，明代抗倭名将张经祠；民族英雄林则徐出生地、读书处，首任船政大臣沈葆桢故居，资产阶

级启蒙思想家严复故居，辛亥革命志士林觉民故居，海军名将萨镇冰、陈绍宽故居，现代文学家冰心、化学家侯德榜、科普作家高士其、天文学家张钰哲故居等，无一不是福州历史文化名城的重要物质内涵。福州历史文物和遗迹众多，现有华林寺大殿、林则徐墓、马江海战炮台、烈士墓及昭忠祠等全国重点文物保护单位，有福建船政建筑群等31处省级文物保护单位，有三通桥等106处市级文物保护单位和56个历史名人故居。

1986年，福州被列为第二批国家历史文化名城。

海丝起点——泉州

泉州简称"鲤"，有鲤城、刺桐、温陵、泉南等别称别名，地处福建省东南沿海，是国务院首批公布的 24 个历史文化名城之一、古代海上丝绸之路起点

泉州开元寺（吴寿民 摄）

之一、宋元时期"世界东方第一大港"，还是著名侨乡和台湾汉族同胞主要祖籍地。泉州既保留中原文化的传统，又吸纳海洋文化的气息，文化积淀深厚，流播广远，被评为首届"东亚文化之都"。作为古代海上丝绸之路的起点城市，泉州拥有海丝国际艺术节永久举办权。

泉州历史悠久灿烂。其经济开发始自周秦时期。三国吴永安三年（260年），在今南安市丰州镇置东安县治。南朝梁天监年间（502—519）置南安郡作郡治，为泉州设置县、郡治之始。唐代，泉州是中国对外贸易的四大口岸之一。宋元时期，"刺桐港"是中国与100多个国家和地区通商贸易的大港口，呈现出"市井十洲人""涨海声中万国商"的繁荣景象。

泉州文化多元，相互交融。千百年来，世界多种宗教在泉州广泛传播，留下大量遗迹，使泉州成为多元文化融洽交汇、和平共荣的载体。泉州是世界闽南文化的发祥地、闽南文化遗产的富集区，是国家文旅部评定的全国首个文化生态保护区——闽南文化生态保护区的核心区，形成南音、南戏、南建筑、南拳、南派工艺等独具特色的"五南"文化。现有各级非物质文化遗产505个，其中世界级有5项，是全国唯一同时拥有联合国教科文组织全部三大类别非遗名录的城市；有国家级非遗项目36项，居全国地级市前三位。泉州保留着弥足珍贵的戏曲文化遗产，有梨园戏、高甲戏、打城戏、"嘉礼"戏等剧种，其中蜚声海内外的有晋唐士乐余韵南音、宋元南戏"活化石"梨园戏和中国一绝"提线木偶"。作为南少林武术的发源地，泉州具有薪传不息、独树一帜的武术文化。

泉州遗存遗迹丰富，拥有各级文物保护单位945处。其中极负盛名的有：中国现存最早的伊斯兰教清真寺、世界唯一的摩尼光佛像石刻、中国最大的老君石刻造像、千年古刹开元寺及东西塔、记载古代海上交通和贸易的九日山祈风崖刻、海内外信众广泛的天后宫妈祖、民族英雄郑成功史迹与陵墓、宋代蔡襄修建的洛阳桥、号称"天下无桥长此桥"的安平桥，以及融惠东民俗、海滨风光、石雕艺术于一体的崇武古城等。

泉州是全国著名侨乡和台湾汉族同胞主要祖籍地。截至2021年，旅居世界170多个国家和地区的泉州籍华侨、华人约950万人，港澳同胞70多万人，台湾汉族同胞约900万人，成为泉州与世界密切联系的桥梁和纽带。

1982年，泉州被列为第一批国家历史文化名城。2021年，"泉州：宋元中国的世界海洋商贸中心"被列入世界遗产名录。

唐宋古城——漳州

漳州历史悠久，人文鼎盛，素有"海滨邹鲁"之称。漳州古城地处九龙江西溪北岸，位于漳州历史文化名城核心区，自唐代以来即为州、郡、路、府之治所。现存老城区较完整地保留着唐宋以来"枕三台、襟两河"的自然风貌、"以河为城、以桥为门"的筑城形制和"九街十三巷"的街道格局。"唐宋古城、明清街区、民国风貌、闽南韵味、侨台同辉"是对漳州古城的最佳概括。

漳州自唐垂拱二年（686年）建州，至今已有1300余年历史。因"大江南旋而东注，诸峰北环而西顾，山川形胜极佳"，唐贞元二年（786年）漳州州治从漳浦李澳川迁徙至龙溪县登高山（今芝山）下桂林村现址。宋代至明初，古城历经数次改造和重修。隆庆五年（1571年），重修城墙，再建敌台、望楼和城顶谯楼，并建起了古代漳州标志性建筑的威镇阁（俗称八卦楼）。历史上漳州城是闽西南汀漳龙的区域性政治经济中心，粤广往来京畿必经漳州，因而城市发展较为迅速，明清时民间有城内"九街十三巷"的说法。明隆庆元年（1567年），明政府正式取消"海禁"，在月港（今龙海海澄）开设"洋市"。在月港的辐射带动之下，漳州城经济繁荣，成为"百工鳞集""机杼炉锤"交响的商业和手工业城市。

漳州古城文物古迹众多，现有文庙大成殿、明代石牌坊、林氏宗祠（比干庙）3处国家级重点文物保护单位；有中共福建临时省委旧址、简大狮避难处以及府衙旧址、侍王府、东西桥亭及宋濠等14处省、市级文物保护单位；有世界最

月港历史风貌区（郭高翔　摄）

小的空中庙宇——伽蓝庙，以及杨骚故居、徐氏家庙、小姐楼、番仔楼（小洋楼）、教堂和侨村等古街特色建筑，完整地保存了骑楼式店面、中西合璧式建筑、闽南风格民居等三大类古民居建筑。古城内非物质文化遗产丰富，仅国家级非物质文化遗产就有木偶头雕刻、布袋木偶戏、木版年画、蔡福美传统制鼓技艺、八宝印泥等7项，占全市约一半，也是民俗用品和传统曲艺芗剧（歌仔戏）、锦歌、灯谜、庙会等民间传统文化的荟萃之地。

漳州古城内历史人文气息浓厚，自唐代建城以来曾留下众多名人足迹。宋绍熙元年（1190年），朱熹任漳州知州时非常重视教育，创宾贤斋广泛邀请名人学士到此讲学；郑芝龙曾捐款重修文庙；明代文渊阁大学士李东阳曾撰写《漳州府进士题名录》。1932年中国工农红军东路军攻克漳州后，毛泽东等人在中山公园仰文楼成立闽南工农革命委员会；著名诗人、作家杨骚，与林语堂、许地山并称漳州现代文坛三大家，被誉为"抗战诗星"；简氏侨馆为具有重要纪念意义的涉台建筑；清代台湾最后一位进士汪春源，被称为"公车上书第一人"，其故居也位于振成巷。

1986年，漳州被列为第二批国家历史文化名城。漳州历史街区2004年荣获"联合国教科文组织亚太地区文化遗产保护项目荣誉奖"；2010年入选第二届中国历史文化名街。

2. 海防古城

厦门龙头山寨

龙头山寨、水操台位于厦门市鼓浪屿日光岩，明末清初修建。

郑成功起兵抗清时，以金门、厦门为根据地，在此建寨，屯兵扎营，操练水师。清顺治十七年（1660年），清军调集吴淞、宁、绍、温、台大量战船进攻厦门，郑成功坐镇龙头山寨指挥作战，大败清军。水操台在日光岩顶，为鼓浪屿最高点，山势雄伟，岩峰怪异，绝顶有巨石屹立，上筑一圆形平台，周围护以栏杆，称为"百米高台"。登临水操台极目远眺，海浪滔滔，鼓浪屿及大担、二担诸岛，尽收眼底。

现存寨门，系利用山体两大巨石之间的隘口，用花岗岩条石砌筑。寨门外铺砌石阶47级，寨门内岩石上有人工开凿的小圆洞，作人字形排列，系当年建寨时搭盖兵营的椽洞。山坡绝壁如削，寨内摩崖石刻成群，内容多与郑成功业绩有关。有黄仲训、蔡元培、蔡廷锴等名家石刻。

龙头山寨1961年由厦门市人民委员会公布为第一批市级文物保护单位。1985年由福建省政府公布为第二批省级文物保护单位。2001年被公布为厦门涉台文物古迹。

漳浦赵家堡

赵家堡位于漳浦县湖西畲族乡赵家村，是南宋末年宋太祖赵匡胤之弟赵匡美的第十世孙、皇族闽冲郡王赵若和流亡避难隐居的一个古城堡，俗称赵家城。赵家堡素有"五里三城"之称，其布局立意，处处仿照两宋故都。

南宋祥兴二年（1279年）宋亡。赵若和乘船北逃，至闽南浯屿附近海面遇飓风，即在浦西（今湖西）登岸，为逃避元兵追捕，改姓黄而匿居。明隆庆五年（1571年），赵若和十代孙赵范中进士，历任磁州知州、浙江按察司副使、户部员外郎等职。明万历三十二年（1604年），赵范中归休并开始建楼筑堡，其后又经其子赵义扩建，前后历时20余年。建成的赵家堡包括完璧楼、府第、武庙、辑卿小院、石坊、水阁、汴派桥、城墙等古建筑群，其立意布局取汴京旧制。规模宏大，占地约10万平方米。完璧楼位于东门内，取完璧归赵之意。楼前有一列两层阁楼，周围加筑围墙防卫。府第俗称官厅，坐落于城堡中心。府第前为石板铺成的广场。场外有水池，中横跨平梁石桥，偏东呈拱形，桥边镌隶书"汴派桥"，桥畔有水榭。

1983年后，政府多次拨款修复，设赵家城保管所负责保护管理。赵家堡里至今还居住宋代赵氏的第31～35世子孙700余人。1985年，由福建省人民政府公布为第二批省级文物保护单位。2007年，获福建省十大最美乡村称号。

石狮永宁卫城

永宁古卫城位于石狮市永宁镇永宁近海处，距离泉州东南37公里，地势雄峻，东濒大海，北界祥芝，依五虎山为屏障，南临深沪湾连深沪、福全，西接龙湖。明洪武二十年（1387年）筑建，至今已有600多年悠久历史。因其地理位置正

永宁古卫城（石狮市文化体育和旅游局　供）

好据中且成半圆形半岛突出海表，古来即为捍卫南北海湾的海防重地。

南宋时，为防御毗舍耶国（今菲律宾群岛）海寇入侵，朝廷即在此建了永宁水寨，取"永保安宁"之意。明初，泉州沿海一带倭寇活动极为猖獗，江夏侯周德兴受朝廷之命"抽三丁之一为沿海戍兵防倭，移置卫所当要害处"，改永宁水寨为永宁卫，增设祥芝巡检司，并造司城。据《泉州府志》记载，永宁卫城"东西长二百九十五丈，南北宽二百零七丈，周八百七十五丈，城外濠广一丈六尺，间以大石，深浅不同"。永宁城内统辖五个千户所，并以永宁卫为核心，联络周边5个守御千户所，构成立体的防御体系，守卫泉州门户。因此，永宁卫被称为"滨海千年古镇，东南第一卫城"。

清代，受朝廷海禁政策影响，永宁卫城损毁严重。2013年后，政府相继组织修缮，新落成的石狮永宁古卫城雄健挺拔，气势磅礴，远眺深沪湾，颇为壮观。

惠安崇武古城

崇武古城坐落于泉州市惠安县东南海滨，濒临台湾海峡。明洪武二十年

惠安崇武古城（吴寿民　摄）

（1387年）由江夏侯周德兴经略海防时为抵御倭寇所建，是中国现存最完整的丁字形石砌古城。

城址原名小斗（音讹小兜），形势非常险要，历来是中国东南海疆的军事要塞。北宋元丰二年（1079年），设"小兜巡司"。明洪武年间，江夏侯周德兴奉命经略海防，设"崇武守御千户所"，改小兜为崇武。始建城池，置千户所，以备防御，并于洪武二十年（1387年）重新修整崇武石城。城墙为花岗岩石砌筑，构筑牢固，历史上曾经历过8级强震及海啸，至今仍保存得较为完好。

1985年，崇武古城被公布为第二批省级文物保护单位。1988年，被公布为第三批全国重点文物保护单位。（详见本书"七、海边的特色村镇"）

霞浦大京城堡

明初，霞浦为福宁州，屡遭倭患。因大京是由北入闽的要道，负山临海，被称为"闽头浙尾""闽浙锁钥""闽北屏藩"，故明洪武二十年（1387年），江

大京城堡

夏侯周德兴奉旨在大京设千户所，并建闽东沿海最早的城堡——大京城堡。

大京城堡地处霞浦东南海滨，三面傍山，东面临海，距县城40千米。城墙为花岗岩石依山势砌筑，万历二年（1574年）扩建。大京城堡周长约3千米，高6～9米不等，自城墙上远眺，视野开阔，一览无遗。设前门和东、南门三个城门。东门叫瓮城、双重城，意为敌寇进此城后，双门紧闭，歼敌如瓮中捉鳖。城墙上设有哨台、炮位、窝铺及数个垛口，与外海的浒屿水寨、南日山、烽火门等据点互为依托。城外建有护城河，与城堡形成坚固的防御整体。《福宁州志》载："楼橹云巍巍，旌旌云闪闪，真足以寒贼胆。""筑福宁云藩屏，执全闽云咽喉"。城内古街以条石拼排，有天地亭、迎恩亭、巷里亭、仓口亭4座木亭和4口明清古井。街巷住宅部分呈明清形制。城外古榕蔽荫，崇墉屹立。

1991年，大京城堡由福建省人民政府公布为第三批省级文物保护单位。

3. 重点文保

闽侯昙石山遗址

昙石山遗址是新石器时代晚期遗址，也是福建考古史上第一次大面积的科学发掘，文化内涵丰富，对于探索闽江下游及沿海地区原始社会晚期的历史和社会经济面貌，具有重要的历史意义和学术价值。

该遗址位于闽侯县甘蔗镇昙石村，处于闽江下游三角洲江北山地丘陵边缘，紧邻江岸，1954年被发现，面积约1万平方米。至1996年底，先后经过8次发掘。据兽骨标本碳十四测定，其中、下层年代距今约在5500～4000年，因出土器物具有鲜明的地方特色，且类似遗址都集中分布于闽江下游及沿海地区，所以学术界把此类文化遗存命名为"昙石山文化"。1996年，被列为省级文物保护单位。2001年，被列为全国重点文物保护单位。2003年，被福建省列为"福建第一文化旅游品牌"。2021年10月，入选全国"百年百大考古发现"。

福州福建船政建筑

福建船政是中国近代工业的重要发源地，被誉为"中国近代海军的摇篮"。福建船政建筑先后被命名为爱国主义教育示范基地、国防教育基地。它展现了近代中国科学技术、新式教育、工业制造、国防建设、东西方文化交流等方面的丰硕成果，折射出立志进取、积极作为、虚心好学的传统文化神韵，形成独特的船政文化。

福建船政建筑群包括马江海战炮台、烈士墓及昭忠祠、英国领事分馆、轮机车间、绘事院等多处船政遗址。福建船政于清同治五年（1866年）由闽浙总督左宗棠奏准创办，位于福州市马尾区，是清政府经营的新式造船厂，占地600亩，主要由炼铁厂、造船厂和学堂三部分组成，民国时期改为"海军马尾造船所"。

昭忠祠（刘述先　摄）

中法马江海战和抗日战争时期，船政建筑遭严重破坏，现存建筑有青洲船坞、轮机厂、合拢厂、钟楼、绘事院、储材井、天主教堂等。1991年，被列为省级文物保护单位。1996年，马江海战炮台、烈士墓及昭忠祠被列为全国重点文物保护单位。2001年，福建船政建筑被列为全国重点文物保护单位。

福州鼓山摩崖题刻

鼓山摩崖题刻位于福州市东郊的鼓山上。山上岩壑幽奇，苍松滴翠，寺宇亭阁点缀其中。有宋代至今的摩崖题刻562段，遗有朱熹等名人的题名或笔迹，为研究历史及历史人物提供了宝贵的实物资料。

鼓山摩崖石刻始刻于宋庆历六年（1046年），至今有近千年历史。摩崖题刻包括宋刻89段、元刻11段、明刻31段、清刻172段、民国刻102段、中华人民共和国成立后刻4段、疑刻153段，涉及2400多位历史人物。题刻行、草、隶、篆、楷并举，诗、词、题、对及榜书纷呈，宛如珍贵的书法艺术宝库。明谢肇淛《鼓山志稿》云："宇内名山铭刻之多，未有逾是山者。入灵源洞里许，削壁林立，殆无寸隙。"主要分布在登山古道、𫔶𫽛峰、白云洞、十八景、灵源洞等地，尤以灵源洞一带最为密集，现有摩崖题刻200余段。这些题刻是研究福建历史和书法艺术的珍贵资料。

1961年，鼓山摩崖石刻被列为省级文物保护单位。2001年，被列为全国重点文物保护单位。

泉州德济门遗址

德济门遗址位于泉州古城南端的天后宫外。作为城市南部商业性城区的重要地标，该遗址记录了宋元泉州城市向南部拓展的历史，体现了官方对海洋贸易和城市商业发展的行政保障，对海交史、城市建筑史、泉州宗教史等方面的研究均有重要的价值。

德济门始建于南宋绍定三年（1230年），是宋元泉州城的南门遗址，在元至

泉州德济门遗址（吴寿民　摄）

正十二年（1352年）进行了拓建，现保存有13世纪以来多次营建遗迹。德济门遥对晋江及顺济桥遗址，是进入城市南部商业区的交通要道。2001年6月至2002年3月，泉州市文化部门在配合市政府南片区的整治工作中，邀请省考古队对德济门遗址进行考古发掘和资料整理。2004年，德济门遗址被列为市级文物保护单位。2006年，被列为全国重点文物保护单位。2021年，作为"泉州：宋元中国的世界海洋商贸中心"的组成部分被列入世界遗产名录。

泉州德化窑址

德化窑位于泉州市德化县，创烧于宋代，是宋元时期泉州内陆地区外销瓷窑址的杰出代表，也是我国古代著名窑口之一，被誉为"东方艺术明珠"。

德化窑的兴起受益于宋元泉州海洋贸易的繁荣，在发展过程中创烧出独特的白瓷产品，展现了宋元时期泉州强大的基础产业能力和贸易输出能力，也显示出海洋贸易推动下泉州本地制瓷产业的创新和发展。自宋元以来，德化窑产品多

德化屈斗宫窑址

远销东亚、东南亚、印度、东非、阿拉伯等地，是中国外销瓷数量最多、外销地区最广的窑口之一。窑址遍布德化县境内，主要集中在浔中、盖德和三班3个乡镇。经1954年以来多次调查，已发现窑址238处。宋至元代以生产青白瓷为主，明代以生产白瓷闻名于世。其中，北宋晚期以纯白釉和青白釉为主、南宋晚期至元初以青灰釉为主、元代中晚期皆为白釉和青白釉，明中叶以后大量生产青花瓷。

1961年，德化窑遗址被列为省级文物保护单位。1988年，被列为全国重点文物保护单位。2021年，作为"泉州：宋元中国的世界海洋商贸中心"组成部分被列入世界文化遗产名录。

南安九日山摩崖题刻

九日山摩崖题刻位于南安市丰州镇旭山村。石刻记录了宋代海洋贸易及其与季风密切关联的运行周期等信息，反映出海神信仰对贸易活动的影响，体现了宋

南安九日山摩崖题刻

代对海洋贸易的倡导和管控。

现存涉及宋代航海的题刻共计10方，最早为南宋淳熙元年（1174年），最晚为咸淳二年（1266年）。九日山摩崖题刻有宋至清代题刻共75段（宋刻59段、元刻6段、明刻9段、清刻1段），留名人数达250位，著名者有宋代蔡襄、苏舜元、苏绅、虞仲房等。内容包括景迹题名15段、登临题诗11段、游览留名29段、修建纪事7段、祈风石刻13段。尤其是祈风题刻，记载从北宋崇宁三年（1104年）至南宋咸淳二年间，泉州郡守或提举市舶使率领僚属、商贾等为航海船只举行祈风典礼，祭祀海神通远王，事毕登临览胜的情形，世所少有，弥足珍贵。

1961年，九日山摩崖题刻被列为省级文物保护单位。1988年，被列为全国重点文物保护单位。2021年，作为"泉州：宋元中国的世界海洋商贸中心"的组成部分被列入世界遗产名录。

晋江磁灶窑址

磁灶窑址位于晋江市磁灶镇境内，是宋元时期泉州城郊外销瓷窑址的杰出代表，其生产体系和生产规模展现了强大的贸易输出能力。它与德化窑址、安溪青阳下草埔冶铁遗址等共同反映了宋元时期海洋贸易对泉州经济的影响。

该窑址于1956年发现，后历经多次调查，窑址共有26处。最有代表性的金交椅山窑址，其年代为五代至南宋时期，出土有多种器形的青瓷和酱黑器。清乾隆《晋江县志》记载："瓷器出磁灶乡，取地土开窑，烧大小钵子、缸、瓮之属，甚饶足，并过洋。"南朝至唐五代时期，产品为灰白胎，质地粗松厚重，施青绿、黄褐釉。宋元时期是磁灶窑生产的鼎盛时期，产品种类繁多，胎骨灰白而薄，不甚细密，若瓷若陶，不少瓷盆内题写诗句。清代产品有青釉缸、瓷钵、壶等瓷器和瓮、缸之类粗陶器。

晋江磁灶窑址（成冬冬　摄）

1961年，磁灶窑址被列为省级文物保护单位。2006年，被列为全国重点文物保护单位。2021年，作为"泉州：宋元中国的世界海洋商贸中心"组成部分被列入世界文化遗产名录。

平潭壳丘头遗址

壳丘头遗址是福建省目前已知最早的新石器时代遗址，壳丘头遗址代表着闽台地区新石器时代的早期文化，它的发现与被发掘，对构建福建沿海地区史前考古学文化谱系和年代序列、推动南岛语族起源研究以及闽台史前文化关系等具有重要价值。

壳丘头遗址群位于平潭海坛岛海滨，为新石器时代至商代时期的建筑。遗址所处的小丘俗称壳丘头，遗址群因此得名。该遗址于1958年经全省文物普查发现，面积约3200平方米。以壳丘头遗址为代表的新石器时代文化遗存，在福建沿

平潭壳丘头文化遗址公园

海一带有相似陶片发现。根据地层学研究成果，壳丘头遗址是早于昙石山文化的另一类型文化遗存，距今约7450—5890年，故学术界有人把这一类型的文化遗存命名为"壳丘头文化"。

1988年、1991年，壳丘头遗址先后被列为县级和省级文物保护单位。2019年，壳丘头遗址群被列入第八批全国重点文物保护单位；2021年11月，被国家文物局列入"十四五"时期大遗址名单。

（三）建筑奇观

1. 古刹春秋

福州涌泉寺

涌泉寺位于福州市东郊鼓山半山腰，为闽王王审知所建。宋廷赐额"涌泉禅院"，明代改称寺。现存主要建筑均为清代及近代重建，占地面积约1.6万平方米。

涌泉寺建于五代梁开平二年（908年），匾额为清康熙皇帝于康熙三十八年（1699年）御书。寺前耸立宋元丰五年（1082年）千佛陶塔一对，乃1972年自福州市南郊龙瑞寺迁来。大雄宝殿，重檐歇山顶，面阔7间，进深9柱。殿内供奉释迦牟尼像，殿后有铁铸三圣佛像。左侧藏经阁收藏明代南北藏、清代龙藏、日本续藏，以及明清两代本山高僧元贤、道霈等人的著述和明、清经板、血经等经书。寺中铁树3株，相传其中1株是闽王王审知手植，1株是开山祖师神晏种植。涌泉寺历史悠久，规模宏伟，是福州五大古禅林之一。

1983年，涌泉寺被列为全国重点寺庙。1992年，被列为市级文物保护单位。

福州华林寺

华林寺原名"越山吉祥禅院"，位于福州市屏山南麓。宋乾德二年（964年），吴越国郡守鲍修让为祈求国境安宁而建，初名"越山吉祥禅院"。宋高宗御书"越山""环峰"，残碑犹存。明正统九年（1444年）赐额"华林寺"。

华林寺几经兴废，现仅存大殿。大殿坐北向南，面阔三间，进深四间，抬梁式构架，单檐九脊顶，面积574平方米。用材规格超等，构件硕大，造型古朴，存魏晋风格。经碳十四测定，确认为千年前原有构架，是长江以南最古老木构建筑物。日本镰仓时期的"大佛样""天竺样"建筑，深受此类建筑风格影响。寺内存有宋高宗赵构篆书残碑一方和清康熙《华林禅寺香灯碑》、民国《林森纪念堂碑》等。

1961年，华林寺被列为省级文物保护单位。1982年，被列为全国重点文物保护单位。

厦门南普陀寺

厦门南普陀寺为闽南名刹，居于鹭岛名山五老峰前，背依秀奇群峰，面临碧澄海港，风景绝佳。五代宋初，即有高僧依山结庐梵修。明代扩建殿堂，规模粗

厦门南普陀寺（董复东 摄）

具，清初重修，始改今名。

南普陀寺始建于唐末五代，初称泗洲院。北宋僧文翠改建称无尽岩。元废。明初复建，更名普照寺。明末诗僧觉光和尚迁建于山前，殿堂院舍齐备，住僧常达百余众，清初又废于兵祸。清康熙二十二年（1683年），靖海侯施琅收复台湾后驻镇厦门，捐资修复寺院旧观，又增建大悲阁奉观音菩萨，并以之与浙江普陀山观音道场相类比，更名为南普陀寺。此后数百年经多次重修扩建，至民国初年，已构成三殿七堂俱全的禅寺格局，成为近代闽南最具规模的名刹。民国十三年（1924年），南普陀寺改地方寺院为十方丛林。次年，就寺创办闽南佛学院。从此，海内高僧频临弘法，十方佛子竞来求经，称盛一时，驰名中外。中华人民共和国成立后，一度蹶而复振。而今，新构楼堂院舍，鳞次栉比；重修梵宇琳宫，金碧辉煌；常住数百僧众，梵行庄严；复办闽南佛学院，教学相长。古刹新生，法运昌隆，臻历史之鼎盛，划时代之光辉。

1983年，南普陀寺被定为汉族地区佛教全国重点寺院。2005年，被列为省级文物保护单位。

漳州南山寺

南山寺位于漳州市区九龙江南畔的丹霞山麓，为漳州八大名胜之一，是拥有约1300年历史的著名佛教大寺院。南山寺原名"报劬崇福禅寺"，是唐代太子太傅陈邕所建，至明代才改称南山寺。

相传陈邕与奸相李林甫不和，被贬谪到福建，看中九龙江南畔丹霞山麓这块山水秀丽的地方，兴建府第。因府第形似宫廷，违犯规制，被人密告至朝廷，皇上派钦差前来查办。危急之时，女儿请求陈邕舍宅为寺，并自削发为尼，以保族人性命。陈邕无奈应允，并把女儿闺房改为"修真净室"，依传统习俗将府第改为"报劬院"，故此免予问罪。该寺坐南朝北，南背靠丹霞山，北面向九龙江，面积约4万平方米。寺内藏有《三藏经论》、血书《华严经》及清光绪御颁经书。殿内白玉佛为清光绪三十年（1904年）缅甸华侨捐赠。

漳州南山寺全景（李旭春　摄）

1983年，南山寺被列为全国142座汉传佛教重点寺院之一。1988年，南山寺被列为市级文物保护单位。

泉州开元寺

开元寺位于泉州古城西北部，是宋元泉州规模最大、官方地位最突出的佛教寺院。开元寺反映了宋元海洋贸易对泉州经济、文化的深刻影响，并以其悠久的历史、神奇的传说、独特的规制、巧妙的建筑、珍贵的文物和优美的艺术闻名于世。

开元寺始建于唐垂拱二年（686年），初名"莲花寺"。唐开元二十六年（738年）唐玄宗下诏全国各州建一座开元寺，遂改现名。元至元二十二年（1285年）合120院为一禅刹，始称大开元万寿禅寺。寺址本是黄守恭的桑园，相传"守恭梦僧欲化其地为寺，辞曰：'待桑树生莲花乃可'。不数日桑树尽生莲花，守恭神之，即舍为寺"，开元寺因而得名"桑莲法界"。寺内镇国、仁寿两个宋代石塔（俗称东西塔），堪称全国无双，是泉州的标志性建筑之一。寺中桑莲历经1300多年沧桑，至今仍生机盎然，被列为世界之最。殿前月台须弥座的72幅狮身人面青石浮雕，殿后廊的两根古婆罗门教青石柱，同为明代修殿时从古印

泉州开元寺（吴寿民　摄）

度教寺迁移而来，它们是中外文化友好交流的历史见证。大殿用近一百根海棠式巨型石柱支撑殿堂，俗称"百柱殿"；殿内供奉的五方佛像，是汉地少有的密宗规制。大雄宝殿之后的甘露戒坛，系全国现存三大戒坛之一；戒坛四周立柱斗拱和铺作间的24尊木雕飞天，既是建筑艺术的瑰宝，又是研究古乐南音的形象资料。

1961年，开元寺被列为第一批省级文物保护单位。1982年，被列为全国重点文物保护单位。2021年，开元寺作为"泉州：宋元中国的世界海洋商贸中心"的组成部分被列入世界遗产名录。

泉州清净寺

清净寺，初名圣友寺，又称艾苏哈卜大清真寺，仿照中世纪阿拉伯地区伊斯兰教寺形制而建，石构建筑。清净寺是宋元时期跨越重洋来泉州营商的波斯、阿拉伯等地穆斯林商人及其族群的珍稀物证，与扬州仙鹤寺、广州怀圣寺、杭州凤凰寺合称中国伊斯兰教四大古寺，它的建立是泉州海外交流重要史迹之一。

该寺位于泉州市区涂门街，始建于北宋大中祥符二年（1009年），是年为回

泉州清净寺

历400年。清净寺占地面积2100余平方米，寺门朝南，现存主体建筑有门楼、奉天坛、明善堂三部分，类叙利亚大马士革风格。明善堂是寺西北角的小礼拜堂，堂壁上嵌宋、元时期古阿拉伯文石刻。寺内还存有明永乐五年（1407年）明成祖颁发保护清真寺和伊斯兰教的《敕谕》碑刻1方。祝圣亭内的《重修清净寺碑记》《重立清净寺碑记》是研究泉州伊斯兰教的重要物证。

1961年，清净寺被列为全国重点文物保护单位。2021年，清净寺作为"泉州：宋元中国的世界海洋商贸中心"的组成部分被列入世界遗产名录。

莆田广化寺

广化寺位于荔城西南2千米许的凤凰山麓（一名南山，古称南湖），是著名的千年古刹，与福州鼓山涌泉寺、厦门南普陀寺、泉州开元寺并称福建省四大名刹。

该寺始建于南朝陈永定二年（558年），初名金仙庵，隋代扩建为寺，唐代更名灵岩寺，宋代始名广化寺。1979年起，仿古大规模整修、扩建，占地总面积33多公顷，建筑面积1.9万平方米。殿内盘坐释迦佛、药师佛和阿弥陀佛三尊大佛，两侧台座排列十八罗汉。天王殿前，有宋治平二年（1065年）建造的石经幢2座，

其上所刻《佛顶尊胜陀罗尼经咒》是研究梵文汉译与兴化方言关系的珍贵实物资料。天王殿东西两侧，有"四大金刚"塑像。

1983年，广化寺被国务院确定为汉族地区佛教全国重点寺院。1990年，广化寺被中国佛教协会列为三座全国样板寺庙之榜首。

2. 宫庙古韵

罗源陈太尉宫

陈太尉宫位于罗源县中房镇乾溪村，供奉陈苏。陈太尉宫始建于五代后梁开平三年（909年），原为祠堂，建造者为随王审知入闽的陈苏。贞明元年（915年）陈苏卒，入祠奉祀，乡人称之为"高行先生"，祠改名"高行先生祠"。宋代先后被追封为"英惠侯王""显佑嘉应侯王"，即建造宫殿于祠前，称大宫。后因陈苏十五世孙陈庆被追封为"都统伏魔太尉"，配享于宫，乃改称为"陈太尉宫"。陈太尉宫由正殿、配殿、戏台三个部分组成。经历代扩（重）建，宫内占地面积1155平方米，现存建筑包括正殿、配殿、前殿三部分。陈太尉宫兼备五代、宋、明、清各时代建筑特点，在建筑史上很有研究价值。

陈太尉宫（林桂生 摄）

1985年，陈太尉宫被列为省级文物保护单位；2001年，被列为全国重点文物保护单位。

厦门青礁慈济宫

青礁慈济宫，又称慈济东宫或东宫，位于厦门海沧镇青礁村文圃山脉崎山（岐山）东南麓。该庙宇建于南宋，供奉保生大帝吴夲。台湾各地慈济宫奉其为祖宫。

据清乾隆《海澄县志》记载，南宋绍兴二十一年（1151年），吏部尚书颜师鲁奏请建庙，祀北宋民间名医吴夲。乾道二年（1166年）赐号慈济，淳祐元年（1241年）改庙为宫。清康熙、嘉庆、咸丰、光绪四次重修。现存庙宇为清建的三进宫殿式建筑，分前、中、后三殿，依地势递高，占地面积3060平方米。全宫盘龙石柱12根、刻工精致。木构件多数加雕作，圆雕、浮雕、镂雕丰富细腻。绿色琉璃瓦顶。屋脊用五彩陶瓷缀成巨龙、人物、鸟兽、花卉，精致巧妙，技艺精湛。宫内保存清代四次重修碑刻，其中康熙三十六年（1697年）《吧国缘主碑记》具有较高史料价值。宫后东鸣岭有龙湫坑、丹灶、丹井、药泉等古迹。

　　1989年，台湾台中市元保宫捐资重修。1991年，青礁慈济宫被列为省级文物保护单位。1996年，被列为全国重点文物保护单位。2001年，厦门市人民政府公布为涉台文物古迹。

龙海白礁慈济宫

　　白礁慈济宫又称慈济祖宫、闽南故宫，俗称白礁宫，位于漳州台商投资区龙池片区白礁村，主奉中国著名医神保生大帝吴夲。白礁慈济宫是全球保生大帝庙

白礁慈济宫保生大帝祭祀活动

宇的祖宫、全国首批涉台文物。

据清乾隆《海澄县志》载，白礁慈济宫建于南宋绍兴二十一年（1151年）；而《同安县志》记载，白礁慈济宫为绍兴二十年建。乾道二年（1166年）赐庙号为慈济。淳祐元年（1241年）改庙为宫。清嘉庆年间增建前殿，成为三进宫殿式建筑。坐东北朝西南，中轴线上依次为前殿、献台、正殿、后殿，各殿间有天井。白礁慈济宫整体建筑宏伟壮观，被台湾各地慈济宫奉为祖宫。

1991年，白礁慈济宫被列为省级文物保护单位；1996年，被列为全国重点文物保护单位。

东山关帝庙

东山关帝庙原称关王庙、铜山关帝庙、铜山武庙，位于东山县铜陵镇岵嵘山东麓，供奉关羽、周仓神像。东山关帝庙是台湾众多关帝庙分灵入台的祖庙，是

东山关帝庙（刘汉添 摄）

关帝文化从中原走向台湾乃至世界的码头。

关帝庙建于明洪武二十年（1387年），依山而筑，庙门系用6根圆石柱、木斗拱构成的宫殿式楼亭，称"太子亭"。主殿悬山顶，抬梁式木构架，面阔3间，进深4间，建筑面积680平方米。殿中悬挂清咸丰御笔"万世人极"匾额。庙的右侧是黄道周出生地，称"石斋故里"。

1985年，东山关帝庙被列为省级文物保护单位；1996年，被列为全国重点文物保护单位。2019年，东山关帝庙加入关圣文化史迹联合申请世界文化遗产项目。2023年，被列为海峡两岸交流基地。

泉州天后宫

泉州天后宫，始称顺济宫，位于泉州古城南端，南临晋江及沿岸港口，是宋元时期海神妈祖的祭祀建筑，也是世界范围妈祖信仰的重要传播地。天后宫以其

泉州天后宫（吴寿民　摄）

在海内外同类建筑中规格最高、年代最早、规模最大著称，是妈祖庙中第一座被国务院审定公布的国家重点文物保护单位。

泉州天后宫始建于南宋庆元二年（1196年），以北宋宋徽宗赐额"顺济"为庙号，故称顺济庙，取"济以顺风"之意，历代屡有修葺。明代凡从泉州出使东南亚诸国的使节，皆至庙祭告祈祷。清康熙二十三年（1684年），邑人施琅以妈祖显圣助阵，完成统一台湾大业，上奏晋封天后，又行重修、扩建，庙遂称天后宫。天后宫坐北朝南，中轴线依次有山门、戏台、正殿、寝殿、梳妆楼等，两侧为东、西廊，占地面积7000多平方米。现存正殿、寝殿、两廊，尚保持明代或清初修建时的原貌，布局严谨，构筑堂皇。天后宫现仍保存16世纪之前形成的前殿后寝的布局特征，见证了妈祖信仰伴随海洋贸易的形成和发展的历程。

1985年，天后宫被列为省级文物保护单位；1988年，被列为全国重点文物保护单位。2021年，天后宫作为"泉州：宋元中国的世界海洋商贸中心"的组成部分被列入世界遗产名录。

泉州府文庙

泉州府文庙位于泉州市鲤城区中山路泮宫内，始建于唐开元末年。其历史悠久，规制完整，气势宏大，建筑规模宏大，文化内涵丰厚，是集宋、元、明、清四朝代的建筑形式的孔庙建筑群，也是宋代中原文化和闽南古建筑艺术的有机结合。

唐中叶，在衙城右建有"鲁司寇庙"，五代时，改为宣圣庙。北宋太平兴国初移建今址，占地面积6万多平方米。南宋绍兴七年（1137年）重建左学右庙。嘉泰元年（1201年）建棂星门。历代屡经修葺，清乾隆年间大修。现存大成门、泮池、大成殿、左右廊庑、明伦堂等建筑。大殿前东西两侧建廊庑，原供奉孔子诸弟子及后代圣贤牌位。1985年，政府拨款重修大成殿；1998年，重修两庑及大成门；1986年，辟为泉州市博物馆。

1985年，泉州府文庙被列为省级文物保护单位；2001年，被列为全国重点文物保护单位。2021年，作为"泉州：宋元中国的世界海洋商贸中心"的组成部分被列入世界遗产名录。

莆田湄洲妈祖祖庙

湄洲妈祖祖庙位于福建省莆田市湄洲岛，祀海神妈祖林默。该庙始建于北宋雍熙四年（987年），是中华妈祖文化的发祥地、世界妈祖信众的朝圣中心、妈祖信俗"世遗"地和海峡两岸交流基地。

湄洲妈祖祖庙是世界上第一座妈祖庙，现存建筑多为清代结构，妈祖庙建筑群以前殿为中轴线布局，依山势而建。在祖庙山顶，还建有14米高的巨型妈祖石雕像。庙的原址，相传是林默之父林维悫任闽都巡检时，为在海上执役而建的住所。林默逝世后，当地民众在此建庙。明清两代多次扩建、修葺，至清乾隆后已颇具规模，成为有16座殿堂楼阁、99间斋房的雄伟建筑群。1997年，兴建祖庙新殿建筑群，被誉为"海上布达拉宫"。2013年至2016年，先后打造的纯金妈祖圣象、翡翠妈祖圣象、红木妈祖圣象、砗磲妈祖圣象均为世界之最，成为湄洲祖庙的新景观。

1991年，湄洲妈祖祖庙被列为省级文物保护单位；2006年，被列为全国重点

湄洲妈祖祖庙

文物保护单位。2009年，以妈祖庙为重要物质载体的妈祖信俗被列入人类非物质文化遗产代表作名录。

莆田元妙观三清殿

元妙观三清殿位于莆田市城厢区，创建于唐贞观二年（628年）。宋代重建，敕名"天庆观"；元代更名"玄妙观"；清代因避康熙皇帝玄烨讳，改称"元妙观"并沿用至今，为道教玄妙观建筑群遗存下来的一座宋代古建筑。

道观原建筑规模宏大，中轴线上依次为山门、三清殿、玉皇殿、九御殿、四官殿和文昌殿，东、西分别排列有东岳殿、五帝庙、林忠烈祠、太子殿和西岳殿、五显庙、文昌三代祠、关帝庙、福神殿。现仅存山门、三清殿、东岳殿、五帝庙、西岳殿、五显庙和文昌三代祠。三清殿为重檐歇山造，面阔、进深各5间。其基本构架保存北宋原貌，有前代遗风，与福州华林寺、宁波保国寺大殿并称江南古建筑之花。殿东侧保存的附属文物有宋徽宗瘦金书《神霄玉清万寿宫碑》、记载宋代海外贸易史料的《祥应庙碑记》，以及苏东坡、文天祥、文徵明等人的题刻。

1961年，元妙观三清殿被列为省级文物保护单位；1996年，被列为全国重点文物保护单位。

3. 名塔览胜

福州乌塔

福州乌塔，又名崇妙保圣坚牢塔，其前身为"无垢净光塔"，用花岗石砌建，因风化后呈墨黑色，故俗称"乌塔"。崇妙保圣坚牢塔位于福州市内乌石山东麓，与于山白塔遥遥相对。塔中的佛像、文字等遗存是研究五代闽国史及其宗教、雕刻艺术的珍贵资料。

唐贞元十五年（799年），福建观察使柳冕为德宗皇帝祝寿、祈福，建"无垢净光塔"，后毁于战火。五代晋天福六年（941年），闽王王延曦在无垢净光塔旧址兴建此塔，更名"崇妙保圣坚牢塔"。原计划造九层，天福九年（944年），王延曦在部属政变中被杀，塔仅建七层结束。塔平面呈八角形，塔座尚没在土中，高约33米。塔内有石阶通道接连层廊，层层串连至顶。塔基为须弥座，转角设倚柱，每层叠涩出檐，层层收分，上施平座栏板，栏板双面浮刻勾片纹，回护周廊。

1961年，福州乌塔被列为省级文物保护单位。2001年，被列为全国重点文物保护单位。

长乐三峰寺塔

三峰寺塔本名圣寿宝塔，俗称南山塔，位于长乐区吴航镇南山（塔山）上。三峰寺塔缘自北宋时曾有僧人在山顶筑台讲经，后于台址建佛庵，其后寺僧又建浮屠七级，即今三峰寺塔。该塔是郑和下西洋船队进入太平港的航标塔之一。

三峰寺塔为八角七层，石构仿木楼阁式，建在近一丈高平台上。塔基为大力士座，八面环饰狮子、牡丹等石刻图案。第一层塔壁饰有佛教故事精美浮雕，是研究宋代建筑石雕艺术的珍贵实物。各层的塔壁浮雕及壁龛内的圆雕，多取材于佛教故事，造型生动，神态逼真。第七层塔门右边刻有"圣寿宝塔，时政和丁酉

长乐三峰寺塔与郑和史迹陈列馆

十月二十三日圆满，同掌会陈致乾、戴顺、郑康、林伯材"等铭文，证明此塔为北宋政和七年（1117年）所建。明初郑和下西洋，船队驻泊长乐，曾两次修葺三峰寺。今寺废塔存。

1961年，三峰寺塔被列为省级文物保护单位。2006年，被列为全国重点文物保护单位。

泉州应庚塔

应庚塔位于泉州市鲤城区崇福寺内，作为崇福寺的组成部分。应庚塔略有倾斜，传说该塔能够"应利倾斜"，斜向某方，主兆五谷丰登，六畜兴旺，故名"应庚"。

应庚塔于宋初建造，石构楼阁式，八角七级，石质实心，为花岗岩石仿木结构，每隔二层各面都设有佛龛，塔上有线刻图案。清代《晋江县志》记载："崇福寺石塔，世传是塔关城废兴。历宋、元、明变迁之时，辄侧若堕，平治则正。"相传清初闽地水灾泛滥，有僧人与赴外地避水患路人谈及泉州应庚塔。僧人问："崇福寺塔是否犹存？"路人回答："有些倾斜。"僧人便说："寺塔存，泉不应兵也，当速返居之。甲寅后，塔乃周正。复生朴树于基座。今根底盘

绕，再无倾侧之患。"

1985年，应庚塔被列为省级文物保护单位；2019年，被列为全国重点文物保护单位。

泉州六胜塔

六胜塔位于泉州湾中部石湖半岛北端的金钗山上，为仿木楼阁式石塔。六胜塔是商船在泉州湾至内河港口一带的地标，见证了古代海上丝绸之路的繁荣景象。

该塔于北宋政和三年（1113年）兴建，花岗石仿木结构楼阁式建筑，八角、五级、空心。每级由塔心、外壁、回廊组成，有券顶门、方龛各4个。须弥座双重，座角雕力士承托。全塔浮雕金刚、力士像80尊。塔盖八角翘脊，各雕坐佛一尊，中石叠小塔状，上置金刚宝箧式塔刹。座上置望柱、栏板，四面作台阶通四门。塔身八角立圆柱，上叠莲花栌斗，浮雕雀替。每层双挑斗拱出檐，上盖扇形瓦纹石板，盖顶雕筒瓦及瓦当。八角作吻首翘脊，上雕坐佛各1尊。顶置金刚宝箧式塔刹。塔各层设拱门、佛龛各4个。每层浮雕金刚或立佛16尊。檐廊均作护栏。整体结构严谨，雕刻精细。

1961年，六胜塔被列为省级文物保护单位。2006年，作为"泉州港古建筑"的组

泉州六胜塔（吴寿民　摄）

成部分被列为全国重点文物保护单位。2021年，六胜塔作为"泉州：宋元中国的世界海洋商贸中心"的组成部分被列入世界遗产名录。

石狮万寿塔

石狮万寿塔，别名关锁塔，因相传一对姑嫂投海殉情的故事又名姑嫂塔。该塔位于石狮市东南宝盖山巅，独立凌空，巍峨挺拔，登临远眺，泉南形胜、海天风物尽收眼底，成为泉州港船舶出入的航标、闽南侨乡的标志。

据清《晋江县志》载："宝盖山绝顶有石塔，名关锁塔，盖泉城关锁水口镇塔，高出云表，登之可望商舶来往。宋绍兴年间，僧介殊倡建。"万寿塔为石构仿木楼阁式，平面八角形，五层空心，上置葫芦刹。建环廊取代须弥座。塔门前筑单檐歇山顶石亭，转角石柱顶大栌斗、檐子均砌出鼓楞挑檐，置平座、护栏。

泉州万寿塔（吴寿民　摄）

塔内第三层设石磴，浮雕石像3尊，传为姑嫂塔悲剧的主人翁偶像，正中为男像，两侧女像为其妻、妹。明何乔远《闽书》载："昔有姑嫂，为商人妇，商贩海，久而不至。姑嫂登而望之，若望夫石然。"门亭内有清乾隆戊戌年（1778年）重修碑记1方。

1961年，石狮万寿塔被列为省级文物保护单位；2006年，作为"泉州港古建筑"的组成部分被列为全国文物保护单位。2021年，万寿塔作为"泉州：宋元中国的世界海洋商贸中心"的组成部分被列入世界遗产名录。

莆田释迦文佛塔

释迦文佛塔俗称广化寺塔，位于莆田市郊南山广化寺东侧。该塔当建于南宋乾道元年（1165年）以前，仿木楼阁式建筑，各层塔檐薄而长，轻巧美观，造型

释迦文佛塔

隽秀玲珑，古朴庄重挺拔。

释迦文佛塔门旁题记"乾道改元清明日，亳社张士景醇挈家同登"。须弥座束腰间浮雕观音菩萨。檐下两层迭涩，浮雕凤凰、双头羽人、飞仙及奇花异草等图案。塔内为八角五层空心室，宽敞明亮。座基为"工"字形，束腰浮雕狮子滚球和牡丹，转角雕侏儒。底层东、西两面开门，门旁浮雕罗汉，南面砌小佛殿，其余各面置影门。回廊栏板浮雕海水卷云纹。二至五层，四面开门、设佛龛，门旁浮雕金刚力士；龛旁浮雕观音菩萨，神态丰满逼真。各层塔檐薄且外露。檐下出两层叠涩，浮雕频伽鸟、凤凰、花卉等纹饰，为古塔外观增添艺术情趣。塔内各层设有石阶通道。

1961年，释迦文佛塔被列为省级文物保护单位。1988年，被列为全国重点文物保护单位。

仙游青螺塔

青螺塔，又名天中万寿塔、塔斗塔，梵语称"阿育王塔"。该塔以山作基，于山巅砌石而起，直插云霄，伸手似可摘星，故又名摘星塔。青螺塔始建于五代末，已有千年历史，位于仙游县枫亭镇塔斗山上。

青螺塔高耸在塔斗上，成了海上航行辨识枫亭的一种标志。该塔坐北向南，为方形五层实心石构，基座用长方形石块砌成。青螺塔表面布满浮雕，各层边缘出檐处都雕有卷草花纹和莲花覆瓣组成的图案，造型奇特，技术精湛。宋嘉祐四年（1059年），宋端明殿学士蔡襄重修，并留下著名诗句："谁种青松到塔西，塔高松矮不相齐。时人莫道者松小，他日松高塔又低。"

1985年，青螺塔被列为省级文物保护单位。2001年，被列为全国重点文物保护单位。

仙游青螺塔

4. 古桥遗风

福清龙江桥

龙江桥，又称海口桥，坐落在海口镇，横跨龙江下游，是福清最长的一座古代石梁桥。它与漳州江东桥、泉州洛阳桥、晋江安平桥合称福建省古代四大桥梁，是省内目前保存最完整的宋代石梁桥。

宋代，乡人林迁、林霸、陈侈、僧人妙觉等募捐建造此桥，于宣和六年（1124年）建成，初名螺江桥。绍兴三十年（1160年），少卿林栗根据"江南沙合接龙首"的古谶语，更名为"龙江桥"。龙江桥为梁式结构的石桥，上至石栏和横铺石板，下至填基架梁，均以石为材。现龙江桥有40孔，全长476米。桥墩高6米，6条石梁并排铺设在墩顶帽石上，每条石梁约重15吨。在石梁之上再横铺石桥板，这在古代石桥中并不多见。大桥加上小桥总长700多米，气势雄伟壮观。桥

龙江古桥

南还建造镇桥塔2座，分列左右，塔七级六角。中华人民共和国成立后，政府多次拨款维修。

1961年，龙江桥被列为省级文物保护单位；2013年，被列为全国重点文物保护单位。

漳州江东桥

江东桥又名柳营江桥、虎渡桥、通济桥，位于漳州市龙海区九龙江北溪下游水道之上，是世界最大、最重构件的石梁桥，是中国古代十大名桥之一，曾是闽粤、闽湘公路必经之路。

南宋绍熙初设浮桥，嘉定七年（1214年）垒石为址，改建为石墩木梁桥。嘉熙元年（1237年），桥面毁于火，郡守李韶改铺石梁。据明陈壤《重修虎渡桥记》载，桥原长2000尺，宽20尺，上铺梁石，间以板石填缝，两侧筑扶栏，东西两端建憩亭。现存原桥墩5座，每墩用花岗岩条石纵横交错垒砌成船形。原桥面二

漳州江东桥

段保存完整，用四条巨石铺桥面。石梁硕大，每块重约百吨，被列为世界最大、最重的石梁桥。明清时期的顾祖禹在《读史方舆纪要》中赞其为"江南石桥，虎渡第一"。明、清两代，多次修葺。民国时，漳（州）嵩（屿）路通汽车，改为公路桥，后改建为简易的钢筋水泥桥，并更名为"江东桥"。民国二十六年（1937年），国民政府驻军为阻止日军进犯漳州，炸毁江东桥，后又遭日机炸毁3段。1953年，江东桥改建为钢筋混凝土梁贝雷架木面桥。1969年加高，架设钢筋混凝土桥面。1972年，江东桥改建成混凝土结构公路大桥。

1991年，江东桥被列为省级文物保护单位；2001年，被列为全国重点文物保护单位。

泉州洛阳桥

洛阳桥原名万安桥，位于泉州市洛江区城东乡到惠安县洛阳镇的洛阳江上。

洛阳桥（吴寿民 摄）

北宋皇祐五年（1053年），由郡守蔡襄主持建造，历时6年8个月竣工，系多跨梁式石桥。当年造桥工程采用筏形基础以造桥墩，种植牡蛎以固桥基，是我国桥梁建筑史上的首创。

洛阳桥是泉州北上福州乃至内陆腹地的交通枢纽，在泉州运输网络的发展中具有开拓性的里程碑意义。洛阳桥是官方主导、全民合力建造大型交通设施的典范，体现了官方、僧侣等社会各界对商贸活动的推动和贡献。其建造技艺更是代表了当时中国最先进的造桥技术，为宋元时期泉州造桥浪潮积累了宝贵的技术经验。据蔡襄《万安桥记》碑载，全桥"酾水为四十七道，梁空以行，其长三千六百尺，广丈有五尺，翼以扶栏，如其长之数而两之"。桥两侧尚有小佛塔9座，桥中筑亭7座，历代先后修葺17次。民国二十二年（1933年），政府添架钢筋混凝土桥面，以行驶汽车。抗日战争期间部分桥梁被炸毁。1958年，围垦时填没两端部分桥体，改变了古桥原貌。桥上尚存原建石塔5座、石亭2座和石雕武士4尊。

1961年，洛阳桥被列为省级文物保护单位；1988年，被列为全国重点文物保护单位。2021年，洛阳桥作为"泉州：宋元中国的世界海洋商贸中心"的组成部分列入世界遗产名录。

晋江安平桥

安平桥位于泉州城西南30千米的海湾上，是泉州与广阔的南部沿海地区的陆运节点，是泉州在海洋贸易中水陆转运系统的重要组成部分。安平桥的建设由官方、宗教人士、商人及平民共同参与，反映了海洋贸易对泉州的影响，也体现了宋元时期多元社会结构对泉州的贡献。

该桥始建于南宋绍兴八年（1138年），历时14年告成。初建时，有酾水三百六十二道，长八百十一丈，宽一丈六尺。安平桥长约五华里，俗称"五里桥"，素有"天下无桥长此桥"之誉，是中古时期世界最长的跨海梁式石桥。全桥为花岗岩石构筑，现存桥墩331座，桥面用5～8条大石梁铺架。两侧围以护栏，

安平桥（陈起拓　摄）

柱头雕狮子、蟾蜍。桥上建有憩亭，以东端水心亭、中部中亭规模较大；中亭周围保存历代修桥碑刻，亭前的两尊石将军是宋雕艺术品；两侧水中有方形和圆形的小石塔数座。桥头白塔乃宋代建造，砖砌空心，风貌古朴。西端海潮庵，留有清嘉庆重修碑刻一通。

1961年，安平桥被列为全国重点文物保护单位。2021年，安平桥作为"泉州：宋元中国的世界海洋商贸中心"的组成部分列入世界遗产名录。

莆田宁海桥

宁海桥位于莆田市涵江与黄石两地交界处，木兰溪下游的入海口，古为宁海渡，故名宁海桥，有"闽中桥梁甲天下"的美称。宁海桥因其所处的水文、地质复杂，工程巨大，建造质量高，是研究桥梁建筑不可多得的实物资料。

　　明代陈经邦在《宁海桥记》里形容该桥"跨溪海之吭喉，束潮汐之吞吐"。宁海桥是当时两岸重要的交通要道，不仅促进了两岸的经济、文化交流，同时也成为一处美丽的旅游景观。从桥上观日出，万道金光直投桥下，犹如金龙逐波，仪态万千，蔚为奇观，故有"宁海初日"之誉。宁海桥于元元统二年（1334年）建，至清康熙十九年（1680年），六建六毁，现桥是雍正十年（1732年）第七次所建，历时15年告成。宁海桥共有石砌桥墩14座，呈两头尖的船形。桥面用巨石敷设，两旁置扶栏，柱头浮雕狮子，保留元、明、清三代不同风格。两端桥头原有明代石雕武士像4尊，戴盔披甲，手执长剑，今存2尊，1983年仿制2尊。

　　1961年，宁海桥被列为省级文物保护单位；2013年，被列为全国重点文物保护单位。

宁海桥

5.民居风情

永泰庄寨

永泰庄寨始建于唐朝，兴于明清，有1000多年历史，历史上庄寨总量超过2000座。永泰县现存较好的庄寨共152座，其中占地面积1000平方米以上的有98座，规模之大全国罕见。永泰庄寨的产生缘于战乱和匪患，庄寨除基本的居住和防御功能外，还兼有建筑、美学等多种艺术元素，具有丰富的地域文化特点。

永泰庄寨一般建于易守难攻、视野开阔的地方。庄寨以土、木、石结构，以各姓氏家族为基本单元，散建于河边、山间、丘陵等地，集"庄"和"寨"于一体。庄寨建设是宗族整合的重要标志，大部分庄寨是整个家族、宗族凝心聚力的成果。内为庄、外为寨，文为庄、武为寨，父建庄、子建寨，自己叫庄、别人叫寨，是永泰庄寨的主要特点。永泰庄寨在建筑设计方面，多以本地特有的"清水

永泰中埔寨（赖泽樟　摄）

雕"装饰，不施油彩，保留原木天然的纹理。随处可见的槅扇门、槛窗都被工匠们细心雕画，有着祥瑞、富贵、太平等美好寓意。同安镇爱荆庄，把家主对妻子李氏的激赏与尊重写在庄寨正门之上，以"爱荆"之名倡导尊重女性。

2018年，爱荆庄荣获联合国教科文组织亚太地区文化遗产保护优秀奖。2019年，永泰庄寨建筑群被列为全国重点文物保护单位；2022年，谷贻堂、绍安庄、积善堂等永泰黄氏"父子三庄寨"被列入世界建筑遗产观察名录。

闽南蚵壳厝

蚵壳厝是闽南特色的贝饰民居，其建筑之巧妙精湛，是人类建筑史上的奇观。蚵壳厝见证了海丝文化的繁荣，见证了海洋文化在当地的传播，是闽南民俗研究的重要内容。蚵壳厝在泉州的蟳埔村、法石村及泉州沿海一带均有分布，以蟳埔社区最为集中。

蚵壳厝始建于明末清初，距今有400余年历史。它具有抗风防腐、冬暖夏凉、墙体坚固、隔音好、不透水等特点，极适宜海边多风潮湿的气候环境。因沿海一带的海风带有盐分，红砖易受腐蚀，而蚵壳墙体不易腐蚀，也不渗水，闽南俗话称"千年砖，万年蚵"。其主要特色在于蚵壳、砖石砌成墙，大面积的灰白色蚵

闽南蚵壳厝

壳与花白色花岗石、红色砖构成一幅幅色彩对比强烈、富有美感的图案。据专家考证，这种大蚵壳并非产于本地，而是昔日"梯航万国"的泉州商船队运载陶瓷、茶叶、丝绸到非洲东海岸国家交易后，怕返航时船空不稳而把产于非洲东海岸的"大蚵壳"当作"肚档"（压舱）带回泉州扔在蟳埔港，并因地制宜用它来建房，片片如鱼鳞，再用红砖饰框，红白相间，鲜艳夺目。

蚵壳厝错落有致，厝与厝之间的小巷蜿蜒曲折，成为东南沿海渔村独特的风景线。行走在蚵壳厝的街巷，宛如走在一条千年的海上丝路里。

晋江陈埭丁氏宗祠

陈埭丁氏宗祠位于晋江市陈埭镇岸兜村，是福建省内历史最悠久、规模最宏大、保存最完整的回族祠堂。宗祠以中国式古建筑造型为主，兼有伊斯兰文化装饰。

元末，丁姓祖赛典赤瞻思丁后裔避居于陈埭。明初建祠，后毁于战乱，万历

晋江丁氏宗祠

二十八年（1600年）重建。祠坐北朝南，砖木结构，建筑形制别致，共三开间，前、后厅堂，加上左、右廊庑，构成"回"字形整体。祠内遗存多处阿拉伯文《古兰经》雕饰和清代重修碑记1方。宗祠里竖有匾额18方，石刻、漆书楹联近30副。匾额记述历代科第功名，褒奖先进，彰扬祖先的功绩；楹联除描绘宗祠风水、历史渊源和人物事件外，亦多为颂扬赞美先贤功绩之句，炫耀宗族的荣光。"人文蔚起，代有簪缨"，正是陈埭丁氏宗族历史上的一大亮点，明清两代登进士者12人、举人21人、贡生26人、秀才105人。

1991年，陈埭丁氏宗祠被列为省级文物保护单位；2006年，被列为全国重点文物保护单位。

南安蔡氏古民居

蔡氏古民居建筑群位于南安市官桥镇漳里村。古民居精美的雕饰，集中表现

南安蔡氏古民居

了闽南成熟的雕塑艺术，并以其宏大的规模、严整的布局、精美的雕饰、丰富的内涵，被誉为闽南建筑的大观园、地道的清朝闽南建筑博物馆。

蔡氏古民居建筑群建于清同治六年（1867年）至宣统三年（1911年），由蔡启昌及其子蔡资深历时40余年建成。该民居群现存19座民居建筑和1座书房，其中现存较为完整的宅第共16座，依次前后平行排列有序地分布，占地面积3万多平方米。最大一座处于西端，为群体中唯一的东西向布局的建筑。另有两座大门朝西，但厅堂轴线依然朝南。其余宅第均坐北朝南。东部四座成三排两列组合，由南向北纵深，各排前后平行；西部四座成两排组合。各座均为抬梁式木构，大多三进五开间，边有护厝。木雕、石雕、砖雕和泥塑题材丰富多样，图案精美，工艺精湛。

1996年，蔡氏古民居建筑群被列为省级文物保护单位；2001年，被列为国家级重点文物保护单位。

平潭石头厝

"平潭岛，光长石头不长草，风沙满地跑，房子像碉堡"。当地民谚形象地道出了平潭石头厝的诞生环境和抵御风雨、抗沙防潮的功能需求。平潭境内多岩石，自汉唐开始，平潭人的祖辈们便建起一排排石头房子，"面朝大海，春暖花开"。

唐宋时期，民宅以乱毛石砌成单层石屋和"排厝"，排厝以两间连、三间连占多数。明清时期，出现砖石结合或粗加工石料建筑，排厝间数和排联数增多，屋顶用拱形瓦片铺盖，上压乱毛石以防大风掀瓦。多数农家因资金不足，一般先建左房和大厅，右边厅墙出现"虎齿墙"（俗称留码头）。这种"一房一厅留码头"的宅式，沿袭至民国时期。石头厝的另一种模式，称为"竹篙厝"，始于唐初，原为屯兵营房，后被群众沿用，成为平潭民宅的主要模式之一。其构式系单门直进，数十间连成一排，犹如碉堡、地道，若遇紧急情况均可相通；四周有门方便出入，适用于当时驻兵战斗，利于游击战斗。后来民间仿此建房，从而成为

平潭石头厝

平潭海岛特有的一种民宅模式。平潭建石头厝有一些不成文的习俗，左邻右舍门不相对，互不干扰，甚至在门前空地建一排屏墙，堵住外来视线。多数民宅在屋前或厅中安置石舂臼，作为民宅附属物，较为罕见。

平潭石头厝像一座座彩色城堡屹立在海岛上，成为平潭旅游的一道独特的风景，向游客们诉说着平潭以及平潭人的故事。

（四）非遗文化

南 音

南音也称"弦管""泉州南音"，是中国现存最古老的乐种之一。两汉、晋、唐、两宋等朝代，中原移民把音乐文化带入闽南地区，并与当地民间音乐融合，形成了具有中原古乐遗韵的文化表现形式——南音。

南音是集唱、奏于一体的表演艺术，由"大谱""散曲"和"指套"三大部分（俗称"指""谱""曲"）构成完整的音乐体系。以"乂工六思一"5个汉字符号记写乐曲。其工尺谱记法自成体系，是古代音乐记写形制之遗存。南音用泉州方言演唱，主要以琵琶、洞箫、二弦、三弦、拍板等乐器演奏，现存的3000余首古曲谱，保留了自晋至清历代不同类别的曲目，音乐风格典雅细腻。其演唱形式、乐器形制、宫调旋律、曲目曲谱及记谱方式独特，为研究中国古代音乐提供了丰富的历史信息。

南音也是社区广大民众珍爱的文化遗产。泉州南音有深厚的群众基础，作为陶冶情操、自娱自乐的文化表现形式，它与闽南人的生活密切相关，闽南人聚居之地几乎都有民间南音社团。除了在闽南和港、澳、台地区以外，泉州南音还流播到菲律宾、印尼、新加坡、马来西亚、泰国、缅甸、越南等国家，成为维系华人乡情的精神纽带，对增进中华民族认同感具有积极作用。

南音演奏（吴寿民 摄）

海峡两岸南音展演暨民间艺术广场民俗表演在厦门白鹭洲举行（郑晓东　摄）

2009年，南音被联合国教科文组织列入人类非物质文化遗产代表作名录。

送王船

送王船是一项禳灾祈安仪式，广泛流传于中国闽南和马来西亚马六甲沿海地区，既有共性，又有地方特性。在闽南，每三到四年大多在秋天东北季风起时举行送王船仪式；在马六甲，则多在农历闰年于旱季择吉日举行。仪式活动历时数日，或长达数月。

该遗产植根于闽南滨海社区共同崇祀"代天巡狩王爷"（简称"王爷"）的民间信俗。当地民众认为，王爷受上天委派定期赴人间各地巡查，拯疾扶危，御灾捍患；海上罹难者的亡魂（尊称为"好兄弟"）四处漂泊，无所归依。人们定期举行迎王、送王仪式，迎请王爷巡狩社区四境，带走"好兄弟"。届时，人们在海边、滩地迎请王爷至宫庙或祠堂，用供品祭祀王爷；竖起灯篙召唤"好兄弟"，普度"好兄弟"。送王时，人们请王爷登上事先精心制备的王船（木质或纸质的船模），民众以各种艺阵开道，簇拥着王爷巡查社区四境，一路召请"好兄弟"登上王船，随王爷一同出海远行，继续代天巡狩的使命，济黎民百姓，保

连江筱埕民众为文武太平王建造的大王船出海巡游

龙海石美村送王船（高建国　摄）

四方平安，当地社区民众称之为"做好事"。送王船活动体现了人与海洋之间的密切联系，见证了海上丝绸之路沿线文化之间的交流，被中马两国的相关社区视为共同遗产，长期以来发挥着巩固社区联系、增强社会凝聚力的作用。

2020年，送王船被联合国教科文组织列入人类非物质文化遗产代表作名录。

木偶戏

福建木偶戏是我国木偶表演艺术的杰出代表，主要演出形式为提线木偶与掌中木偶两种。千百年来，木偶戏成为闽南语系地区民俗中不可或缺的重要部分，并以其独特技艺和精彩演出，成为普通民众和士大夫文人雅俗共赏、喜闻乐见的民间戏曲艺术。

木偶戏古称"悬丝傀儡"，今称提线木偶戏，源于秦汉，晋唐时随中原移民南迁入闽，唐末五代即已在以泉州为主的闽南地区广泛传播。历经千年不间断传

泉州提线木偶剧团表演的木偶戏《闹元宵》（刘宝生 摄）

承与积累，木偶戏发展至今已是保存700余出传统剧目和由300余支曲牌唱腔构成的独特剧种音乐，并且形成了一整套操线功夫——传统基本线规。其表演技法精湛、音乐唱腔丰富、偶像造型艺术精美，形成了完整的表演体系，成为当地社区民众珍爱的表演艺术形式。

随着生产生活方式的变化，加之福建木偶戏表演技法复杂，福建木偶戏后继乏人。从2006年开始，相关社区、群体和代表性传承人围绕培养传承人的主要目标，制定了福建木偶戏后继人才培养计划，促进福建木偶戏的保护传承。

2012年，"福建木偶戏后继人才培养计划"被联合国教科文组织列入非物质文化遗产优秀实践名册。

福建剪纸

福建剪纸是福建地区的传统艺术形式之一，人们通过剪纸艺术来寄托人生美好的愿望。各地的剪纸具有浓厚的当地民俗风情和乡土气息。山区的南平、华安等地以山禽家畜的作品较多，表现较为粗壮有力、淳厚朴实；闽南一带则屡见水产动物入画，风格细致，造型生动；莆田、仙游一带以礼品花为主，倾向于华丽

漳浦剪纸《老鼠娶亲》

纤巧的意味。

泉州刻纸历史悠久，始于唐，盛于宋。当地传统刻纸原来仅限于供应春节及喜庆的"红笺""福符"等类型。泉州刻纸的风格是规整中富有变化，造型遵循传统而又富有韵律和动感，细节部分刻画灵动而具有创造性，虚实对比鲜明，观赏性强，给人一种清新秀美的艺术享受。泉州刻纸多是作为花灯的装饰品，具有高超的技艺和高水准的艺术表现力。

漳浦的民间剪纸源远流长，独具特色，具有民间美术史、民俗文化史等方面的研究价值，为漳浦赢得了"剪纸之乡"的称号。唐宋以来，剪纸在漳浦民间一直十分盛行，代代相传，样式层出不穷。漳浦剪纸以阳剪为主、阴剪为辅，构图丰满，风格细腻雅致。在构图的连接性、技法的细腻性、风格的多样性和处变的适应性等方面，漳浦剪纸都显示出与众不同的特性。

传统木结构营造技艺（闽南民居）

中国传统木结构建筑营造技艺，是以木材为主要建筑材料，以榫卯为木构件的主要结合方法，以模数制为尺度设计和加工生产手段的建筑营造技术体系。营造技艺以师徒之间言传身教的方式世代相传。这种营造技艺体系传承了7000多年，遍及中国全境，并传播到日本、韩国等东亚国家，是东方古代建筑技术的代表。闽南民居营造技艺便是杰出的典范，它是中原文化和闽南本土文化相结合的产物。

闽南民居营造技艺与闽南的地理、气候条件及文化习俗等相结合，形成一种独特的建筑形式，传播于泉州、漳州、厦门等地及港澳台和东南亚等地区。闽南民居最为独特的建筑俗称"皇宫起"，惠安民居营造技艺即通过"皇宫起"宫殿式大厝的建造表现得最为典型。"皇宫起"源起于唐五代时期，至今已有1000多年的历史。当时因闽王王审知的嫔妃黄厥得宠，被特许按宫殿规制和外形在家乡大兴土木。自此，"皇宫起"宫殿式民居大厝被当地民居争相仿效，逐渐流行。后南宋皇室南外宗正司迁入泉州，带来中原宫殿建筑技艺，促使宫殿式"皇宫起"民居建筑在当地进一步得到发展。南安市蔡氏古民居建筑群是明清时期闽南民居宫殿式大厝的典型代表。

木拱桥传统营造技艺

中国桥梁营造技艺已有数千年的历史。古代劳动人民凭借自己的聪明才智创造了优秀的桥梁工艺，编梁木拱廊桥营造技艺就是其中的一种，现主要流传在福建、浙江等地。

闽浙编梁木拱廊桥历史悠久，造型丰富，数量众多，在国内同类廊桥建筑中独领风骚。编梁木拱廊桥源于唐代的木拱桥——三条桥这一特殊类型，具有特殊的历史研究价值，在中国造桥史上占有重要地位。其采用原木材料，使用传统木建筑工具及手工技法，运用"编梁"等核心技术，以榫卯连接而构筑成极其稳固的拱架桥梁的技艺体系。木拱桥的建造工作由一名木匠师傅指挥，其他木匠操作来完成。

木匠的建造技艺通过师傅对学徒的口传心授或是作为家族手艺而代代相传。这些家族在木拱桥的修造、维护和保护方面发挥着不可替代的作用。作为传统工

屏南万安桥

鸾峰桥

艺的载体，木拱桥既是传播工具，也是传播场所。近年来，城市化进程加快、木材稀缺、现实需求不足等因素威胁到了木拱桥工艺的传承与存活，使这一传统技艺有所流失。

水密隔舱福船制造技艺

所谓水密隔舱，就是船舱中以横隔板分隔开的彼此独立且不透水的各个舱位。宋元时期，中国的远洋木帆船备受各国商人、使节的青睐，重要原因在于中国帆船具有很高的安全性，这种安全性即来源于帆船中的水密隔舱。我国的水密隔舱造船技艺早在13世纪末就由马可·波罗传播到了西方。此后，这一技术逐渐为世界各国造船业所普遍采用，对人类航海事业的发展产生了重要影响。

古代泉州素以发达的造船业著称，据清代嘉庆时的《西山杂志》记载，唐代天宝年间，泉州地区所造海船已有"十五格"，即船上分出15个隔舱。传统的水

中国水密隔舱福船（俞明寿　摄）

密隔舱木帆船建造技术在目前的泉州晋江市深沪镇仍有存留，当地按传统模式所造帆船，从船型设计、选料、建造工艺、外观涂装到建造过程中的种种仪式皆遵循传统，14道隔舱板将船分为15个舱，隔舱板下方靠近龙骨处有两个过水眼，每个隔舱板与板间的缝隙用桐油灰加麻绳捻密，以确保各舱之间相互隔绝。

宁德市蕉城区漳湾镇岐后村的造船技艺系明代洪武年间由闽南传入，其后世代传承至今。民国时期，漳湾多制造200～300吨位的"三桅透"木帆船。新中国成立后，漳湾船厂承制了为数众多的捕捞船与运输船，其中很多是60吨位以上的水密隔舱结构木帆船。随着现代交通事业的发展，木船日益失去生存的土壤，传承人日渐稀少，木船生产行业也随之衰落，制造技艺逐渐流失，水密隔舱福船制造技艺已处于濒危状态。

（五）民俗传说

1. 别样节庆

（1）百戏灯节——元宵

元宵节又称"灯节""上元节""元夕节"。在中国，农历正月是元月，古代称夜为"宵"，所以一年中第一个月圆之夜正月十五名为"元宵节"。我国元宵燃灯的风俗起自汉代，至唐代便有"火树银花合，星桥铁锁开"的繁荣景象，明清时期达到鼎盛。福建各地的元宵节除传统习俗，还发展出一系列具有本地特色的元宵习俗。目前，福建省被列入国家非物质文化遗产名录的就有四市六地的6个项目之多。除以下分布于沿海地区的5个项目外，还有龙岩连城的"闽西客家元宵节庆"。

福州马尾—马祖元宵节俗

马尾、马祖居民元宵送花灯、闹花灯的节俗，源于一个古老的传说。相传玉帝三太子因打抱不平而触犯天规，被贬凡间投生渔家后，又因扶困济贫与龙王三太子发生争斗。玉帝大怒，处分尸酷刑后将其头颅扔在"马祖澳"。半岛渔民感念玉帝三太子恩德，将其头颅抱回岸上设坛祭奠，并尊其为海神。此后每逢元宵节，渔民们都会自发地扎糊海神头像灯通宵陪游，以为纪念。

改革开放以来，两岸民间交流不断加强，马祖居民和海外侨胞纷纷返乡寻根问祖。福州马尾经济文化交流合作中心与海峡对岸的马祖经贸文化交流联谊会继承传统，联合举办马尾—马祖闹元宵活动。每年元宵节前（约在正月十一），马尾方面将制作好的各式花灯航运至马祖列岛。马尾经济文化交流合作中心还开展形式多样的民间文化交流活动，给马祖岛乡亲送春联、送闽剧，举办书画摄影展览，马祖乡亲则在元宵当天过海峡参加马尾灯会。每年元宵之夜，马尾与马祖两地灯火辉煌，人山人海，烟花爆竹五光十色，踩街队伍翩翩起舞，欢快热闹的气氛令每一位身临其境者深受感染。尤其是"两马"并列的彩灯，制作精巧，寓意深刻，十分引人注目，充分体现了海峡两岸人民盼团结、求统一的美好愿望。

2008年，"马尾—马祖元宵节俗"被列入第二批国家级非物质文化遗产代表

第十七届"两马同春闹元宵"灯会（刘述先　摄）

性项目名录。

泉州闹元宵习俗

泉州闹元宵习俗源于中原地区，以灯会为主要表现形式。据南安桃源《傅氏族谱》记载，唐僖宗广明元年（880年），威武军节度招讨使傅实自长安入闽镇守泉州，每逢元宵节，依照长安结灯仪式与民同乐，其后相沿成俗。

泉州闹元宵习俗流传于福建泉州各县，流布至漳州、厦门、台湾等地。其中泉州灯会习俗包括挂灯、送灯、观灯、点灯、游灯等内容，如门户挂花灯、结队赏街灯、串巷嬉戏"游灯"，以及为亲家送红、白莲花灯和观音送子灯等，古代还有抢灯的风俗。泉州方言"灯""丁"同音，"出灯"同于"出丁"，寓意人丁兴旺。点灯时不慎把灯烧了，叫作"出灯"。泉州闹元宵习俗还有猜灯谜、"妆人"等文艺活动。踩街古称"妆人"，包括民俗表演阵头、花灯、彩车，以及南少林武术等各类艺术表演。泉州元宵还有"敬公"（祭祖）、"听香"等祈福习俗。"听香"一般由妇手持燃香，通过倾听对话预卜吉凶。另外，泉州人还通过食用元宵丸、润饼菜等食品寓意全家团聚。泉州闹元宵习俗民众参与度极高，几乎全民参与，呈现出一派热闹景象，连港澳台同胞和诸多海外侨胞也会组团赴泉州参与，共度佳节。泉州闹元宵习俗也由此成为当地社会稳定及连接海外华人华侨的情感纽带。

2008年，泉州"闹元宵习俗"被列入第二批国家级非物质文化遗产代表性项目名录。

泉州南安英都拔拔灯

英都镇位于福建省南安市西部，四面环山，交通相对闭塞，仅有英溪内河穿镇而过流入西溪，封闭的环境形成了当地独特的节俗。英都春节习俗由正月初二的祭祖、正月初九的拔拔灯会和正月十一的"割香"三大部分组成，其中拔拔灯会是整个年俗活动的高潮。

宋代泉州海上丝绸之路的崛起，促进了英溪内河驿渡运输的繁荣。南宋淳祐年间，陈姓船夫为祈风调雨顺，从丰州九日山的敕建昭惠庙分灵到英都奉祀，并创造性地将上元观灯改为更具喜庆气氛的"天诞日"游灯。游灯队伍的灯笼以大绳拉拴，为首者肩负大绳弓身拉动队伍前行，生动再现了英溪纤夫逆水行舟、与自然相搏的壮观场面，堪称一绝。后来英溪船运式微，陈姓船夫迁徙别处，昭惠庙由洪姓乡民奉祀，拔拔灯会成为当地农民一年一度的祈福盛典，世代传承，至今已历700余年。另有"车鼓舞""花鼓唱"等民间文艺形式依附于拔拔灯会流传下来，现已成为灯会重要的组成部分，显示出浓郁的地方风格和强烈的艺术感染力。拔拔灯会活动再现了当年英溪纤夫拉纤行船的场景，反映出泉州海上丝绸之路内河驿渡运输的繁荣状况，具有很高的历史文化研究价值。如今海内外的南安乡亲几乎每年都会踊跃回乡拔灯、观灯。拔拔灯会成为团结海内外华人，凝聚亲缘、族缘的纽带。

2008年，"南安英都拔拔灯"被列入第二批国家级非物质文化遗产代表性项目名录。

晋江闽台东石灯俗

海峡两岸有两个同名为东石的滨海乡村，一个在福建晋江，一个在台湾嘉义，两地共有一种全国独一无二的元宵灯俗，世称"闽台两东石，共数一宫灯"。

明代以前已有晋江东石人到台湾谋生，嘉靖年间去台人数增多，他们开山拓海，垦殖新区，以故乡村名为聚居地命名，在台湾形成东石、布袋嘴等村落，还将晋江东石嘉应庙的"三公爷"分灵过海，在台湾东石乡建庙供奉，现在台湾已有20多处嘉应庙分炉。东石数宫灯活动从农历正月十三开始，为期三天。闽台两东石上一年新结婚的新郎，都要把新娘陪嫁的宫灯挂到三公宫内。元宵午夜时分，众新郎官齐集三公宫。一盏公共大红绣球灯挂在正中，主事者通报当年台湾及当地的宫灯数，共庆两岸人丁兴旺，然后举行数宫灯活动的重头戏"卜灯"。新郎官们在三公爷座前掷筊杯，掷杯数最多的人放鞭炮，以大红甲吹迎请红绣球灯回家。其他人也将各自的宫灯迎回家中，挂在新房内，祈求三公爷保佑婚姻幸福美满，早生贵子。晋江东石挂宫灯时，台湾的东石乡亲于正月十三提前派人回乡祭祀"三公爷"，同时带来与过去一年内台湾乡亲新婚数相符的宫灯数，再捎

闽台东石灯俗

回故乡的宫灯数，两地互报宫灯数，共祝子孙兴旺。这种世代相沿的元宵数灯习俗，反映了两岸东石人对家族兴旺、子孙昌盛的热切期盼，是中华民族文化凝聚力的生动体现。

2008年，晋江"闽台东石灯俗"被列入第二批国家级非物质文化遗产代表性项目名录。

仙游枫亭元宵游灯习俗

枫亭位于福建莆田、泉州两地交汇处，是集自然景观、名胜古迹、生态园林、山海田河于一体的千年文化名镇。枫亭元宵夜游灯的习俗始于宋代，兴盛于明代，传承至今已有900多年的历史。

每年农历正月十三至十七日，游灯活动在枫亭集镇区的下桥、下街、兰友、学士社区及下街北门自然村依次举行，参与者达数千人。仪仗队簇拥着装饰精美的头牌主匾前行，车鼓队、十音八乐队、女子腰鼓队则穿插在各式各样的游灯方队之中行进。由蜈蚣灯、松树灯、宝伞灯、水族灯、莲花灯、花篮灯、蝴蝶灯、鸽子灯、蜻蜓灯、凤凰灯、菜头灯等组成的灯架队阵容壮观，千奇百态，异彩纷呈。百戏彩架灯中融入了戏剧、杂技和灯艺技巧，精彩绝伦，令人叹为观止。古朴典雅的棕轿舞、皂隶舞、童身舞别具特色，成为福建民俗文化一绝，舞龙舞狮更是让元宵游灯锦上添花。枫亭元宵游灯汇集了篝火、社火、放灯、游神、古巫、武舞等多种古典文化和民俗文化内容，将民间灯艺、曲艺、舞蹈、十音八乐、戏剧、杂技等各类艺术融为一体，构成千年古镇的独特民俗，在福建地域传统文化、民俗文化、民间艺术演变等方面的研究中具有十分重要的参考价值。在

枫亭元宵游灯盛况

东南沿海及东南亚地区的华人中，枫亭元宵游灯的节俗深入人心，具有很强的亲和力与吸引力，成为团结海内外同胞的一种重要文化媒介。

2008年，仙游"枫亭元宵游灯习俗"被列入第二批国家级非物质文化遗产代表性项目名录。

（2）天中祈福——端午

端午节，又名天中节、端阳节、龙舟节、重五节等。福建各地端午节的主要活动除了传统习俗外，还发展出了一系列具有当地特色的习俗，其中泉州安海嗦啰嗹习俗、石狮端午闽台对渡习俗便是典型的代表，被列入国家非物质文化遗产名录。

晋江安海"嗦啰嗹"习俗

"嗦啰"又名"采莲"，是福建省晋江市安海镇人民祛病弭祸、祈求安康的一种民俗活动。"嗦啰"习俗对活跃人民群众的文化生活、促进海峡两岸的文化交流具有积极的现实意义。

安海"嗦啰嗹"源于中原地区的古老民俗，清初已十分盛行。清代中晚期，这一活动与中华民族的龙图腾崇拜紧密结合在一起，时间则改为每年的五月初五。现今"嗦啰嗹"在安海镇保留得十分完整，仍在民俗生活中发挥着重要作用。"嗦啰"举行时，人们抬出供奉的龙王头雕像，焚香叩拜，走街串巷。整个队伍以头戴清兵笠、手撑长杆艾旗的醉步汉子为前导，敲锣鼓、奏管弦的队伍两旁是肩挑生猪脚、草鞋和尿壶酒，手打破锣的"铺兵"，以及头包乌布、身着红衣红裤、手提鲜花篮、脚穿绣花鞋的男扮花婆。每到一家，旗手手舞足蹈地冲入厅堂，挥动艾旗在梁间拂扫，高诵"龙神采莲来，兴旺大发财"等祝祷辞。男扮花婆走科步与旗手对舞一番后，向户主馈赠鲜花，表示龙王神留下福禄吉祥，户主接过鲜花即回赠红包答谢。除此以外，这一天安海小镇的人家还要举行"煎饪补天"、结粽、门插松艾等活动。

2008年，"晋江安海嗦啰嗹习俗"被列入第二批国家级非物质文化遗产代表

晋江市（安海）第六届端午民俗文化节上"嗦啰嗹"表演

安海端午"嗦啰嗹"民俗

性项目名录。

石狮端午闽台对渡习俗

　　石狮端午闽台对渡习俗，是海峡两岸民众共同举行的水上端午节庆活动，活动地点在福建省石狮市的蚶江上。该习俗是清代石狮蚶江与台湾鹿港对渡的"历史再现"，在海峡两岸文化交流中产生了重要影响。

　　蚶江位于福建省石狮市北部，宋元时期就是东南沿海重要港口。清代蚶江是内陆对台湾岛贸易的中心港。嘉庆十一年（1806年）树立的《新建蚶江海防官署碑记》记载："蚶江为泉州总口，与台湾之鹿仔港对渡"。因而民间习称此碑为"对渡碑"。在台湾《鹿港奉天宫志》一书中，也记载清代乾隆四十九年（1784年）"蚶江与鹿港对渡"的事宜。每年农历五月初五，海峡两岸数万民众在蚶江举行"放王船"仪式，同时展现采莲、海上泼水、龙舟竞渡、捉鸭子等传统民俗

石狮端午闽台对渡（海上泼水节）（颜财斌　摄）

第十二届闽台对渡文化节暨海上泼水节——海上泼水

活动；同日，台湾鹿港举办"送春粮"仪式，与蚶江"放王船"活动相呼应。

2011年，"石狮端午闽台对渡习俗"被列入第三批国家级非物质文化遗产代表性项目名录。

（3）追月拾趣——中秋

中秋节，又称"追月节""月夕""秋节""仲秋节""玩月节""拜月节"等，是流行于全国众多民族间的传统节日。因时令恰值三秋之半，故得"中秋"之名。中秋节是中华民族仅次于春节的传统节日。

福建中秋博饼习俗源于厦门，盛行于漳州的龙海、泉州的安海和金门县等地，清代康乾时期的《台湾府志》曾有过相关记载。每逢中秋佳节，闽南及台湾地区会以家庭或社团为单位，自发举行中秋博饼活动。参加活动者以六个骰子轮流投掷，博取状元、榜眼、探花、进士、举人、秀才六个等第，并按等第获取大小不同的月饼。博饼的游戏规则简单公平，既充满竞争悬念，又富于生活情趣，

厦门鼓浪屿中秋博饼

历来为广大民众所喜爱。近代以来，厦门逐渐成为我国东南沿海的重要港口城市，博饼习俗进一步盛行起来，由家庭游戏发展为亲友之间乃至社会群体的重要活动。新中国成立后，这种习俗日趋式微，"文化大革命"期间几近销声匿迹。改革开放以来，由于人民群众的广泛参与，中秋博饼习俗在厦门等地区得以复兴，并成为海峡两岸民众共度中秋佳节的重要活动内容。

2008年，厦门"中秋博饼"被列入第二批国家级非物质文化遗产代表性项目名录。

（4）壮美巡游——抬阁

抬阁，又称"抬角""抬歌""高抬""挠阁""脑阁""高装"等，是传统节庆活动中的一种民俗巡游表演形式，融绘画、戏曲、彩扎、纸塑等艺术于一炉，造型优美，画面壮观。抬阁起源于中原地区的迎神赛会活动，在融入福建各地传统文化过程中，形成了不同的地域特色，比较典型的有福鼎沙埕铁枝、霍童铁枝、屏南双溪铁枝、海沧蜈蚣阁等表演形式。铁枝是"抬阁"的一种表演形式。铁枝又称"抬枰""彩枰"，是闽东一带节庆巡游活动中的一种民俗表演形式。

海沧蜈蚣阁

海沧蜈蚣阁是节庆民俗活动中的抬阁表演形式之一，主要流行于福建省厦门市海沧区。旧时为迎神赛会的化装游行，今为民俗踩街活动形式之一。广泛流传于厦门、泉州、漳州等闽南一带及台湾、金门地区。闽南一带，抬阁又称"艺阁"，阁台上扮装故事，演唱南音。蜈蚣阁为艺阁的一种表现形式，又叫"装阁""龙阁""凤阁"，清乾隆《泉州府志·风俗》中已有记载。蜈蚣阁游艺活动集中在海沧区东屿等村。"蜈蚣阁"由十几块至上百块木板连接组合而成。木板长1.5米至2米，宽40厘米至50厘米，称为"阁棚"。"阁棚"之间以活榫相

厦门海沧蜈蚣阁文化节（两岸同庆第七届慈济宫文化节）（董复东　摄）

接，连成一串，委蛇而行，形似蜈蚣，故称为"蜈蚣阁"。"阁棚"装饰得五彩缤纷，上面装置一高凳，每只高凳上坐一少年孩童，装扮成某一戏曲故事中的人物。表演时蜈蚣阵由人力肩扛或装轮推动，缓缓行进，鞭炮鼓乐齐鸣。该项目对于继承中华民族优良传统、增强中华民族凝聚力具有重要意义。

2011年，"海沧蜈蚣阁"被列入第三批国家级非物质文化遗产代表性项目名录。

福鼎沙埕铁枝

福鼎沙埕铁枝俗称"杠""阁"，是沙埕渔家元宵节传统的民俗活动之一，它吸收了传统戏曲、舞蹈、杂技等的艺术因素，成为福鼎众多民俗活动中很有地方特色的一种民间艺术样式，在当地已延续了数百年。

福鼎沙埕铁枝早期为竹木结构，单层高2~3米，表演时用人抬扛，称为"平阁"。后发展成钢管或铁条焊接的树丫枝状，经过艺术加工和装饰后固定在车辕上，在车辆的行进中表演。沙埕铁枝多层的高达七八米，层与层之间称为"过

福鼎沙埕铁枝
（刘学斌　摄）

枝"，简称"枝"。一台铁枝中部以一根钢条为杆，从底盘分两根钢条通往上层，根据铁枝内容的需要将钢条制作成各种形状，而后将人物、道具分层固定。演员坐在扶枝位置上，手持道具，表演简单情节或杂技动作，铁枝车在推行中前进，乐队随后伴奏，谓之"搬铁枝"。铁枝表演精彩纷呈，光芒闪耀，在夜幕的映衬下形成一派壮观景象。

2008年，"沙埕铁枝"被列入第二批国家级非物质文化遗产代表性项目名录。

宁德霍童铁枝

霍童铁枝是宁德霍童"二月二"灯会最精彩的项目之一，以其技艺巧妙，制作精巧，具有隐蔽、惊险、生动等特点，被誉为"东方的隐蔽艺术"。霍童铁枝制作综合运用铁枝、美术、灯光等技术手段，采用锻铁、铁条等为骨架，按情节需要将化装的儿童演员安排在铁架上，形成或立、或悬、或卧的人物造型，然后再配置场景、彩灯等，进行景物造型。其表演内容如"孙悟空三打白骨精""观

霍童"二月二"铁枝（池惟强　摄）

音佛与金童玉女"等多取自传统文学作品和民间故事。霍童铁枝是宁德地区民间节庆文化的一项重要内容，它反映着当地民俗风情的重要特点，为福建民间艺术的研究提供了鲜活的材料。

2008年，"霍童铁枝"被列入第二批国家级非物质文化遗产代表性项目名录。

屏南双溪铁枝

屏南双溪铁枝主要流传于福建省屏南县双溪镇，表演时以数名儿童扮演古装戏剧人物，或坐或立，固定在木台铁架上，根据剧情装扮成各种精彩的造型，由人抬着行走。双溪铁枝造型每一架高3～5米，三层或五层不等，由8至16名青壮年扛着前行，此外还有乐队、鼓手、灯光、指挥等，共同组成一支巡游队伍。双溪元宵灯会以铁枝表演为主体，同时还有舞龙、舞狮、花灯、鼓亭音乐等表演，游行队伍声势浩大，前呼后拥，观者如潮。过去双溪民间的铁枝表演一般在节日、庆典、神诞、庙会时举行，现在多数地方将表演日期固定在每年正月十三至十五日。屏南双溪铁枝是屏南县乃至闽东民俗文化的集中体现，具有独特的历史学、

屏南双溪铁枝

民俗学和社会学研究价值。

2008年，"屏南双溪铁枝"被列入第二批国家级非物质文化遗产代表性项目名录。

2. 特色习俗

罗源畲族服饰

罗源畲族服饰的特色主要体现在女性服饰上，俗称"凤凰装"。畲族自古以女性为尊，将女性视为公主和凤凰，因而服装以凤凰图案贯穿整体，头饰也显现出凤凰的整体轮廓，整套服饰处处体现凤凰吉祥之意。

畲族"凤凰装"主要流传于福州罗源、连江县和宁德南部地区，它由上衣、裙子、水巾、手巾、围身裙、脚绑、鞋七个部分组成，另有凤凰冠、耳仰（耳坠）、扁扣、手镯、脚镯和戒指六样饰品。与此相应，畲族女性的发式分为少女发式、订婚或准备订婚的姑娘发式、已婚妇女发式三种。罗源县霍口畲族乡的"凤凰装"传承了元末明初的古老风格，辐射区域及于闽侯、晋安、连江和罗源白塔、西兰、飞竹等地，对整个畲族地区都产生了巨大的影响。霍口畲族"凤凰

制作畲族服饰（林桂生　摄）

畲族头饰和凤凰冠

畲族传统舞蹈竹杠舞表演

装"是古老畲族文化的具体体现，它反映着畲族的民俗风情，具有较高的民俗学、社会学和历史文化研究价值。

2008年，罗源"畲族服饰"被列入第二批国家级非物质文化遗产代表性项目名录。

丰泽蟳埔女习俗

蟳埔位于泉州沿海，当地人们的生活习俗中留下了不少海洋文化的痕迹，蟳埔女习俗便是海洋文化的活化石。这是闽南特有的传统生活习俗，主要流传在泉州市丰泽区东海街道的蟳埔、金崎、后埔、东梅等社区。

丰泽蟳埔女习俗
（吴寿民　摄）

　　蟳埔女的服饰俗称"大裾衫、阔脚裤"，头饰俗称"簪花围"，这些闽南渔家女特有的装束体现着海边生产劳作的特点。头饰中常用的素馨花、含笑花、粗糠花，据说是宋元时期阿拉伯人蒲寿晟带来移植于当地的，流露出异域文化的气息。蟳埔女的耳饰也别具风格，几乎是清一色的丁勾耳环，但依辈分不同又有区别：未婚女孩所戴耳环不加耳坠，结了婚的则戴加耳坠耳环，做祖母的则戴"老妈丁香坠"的耳环。蟳埔女的系列装饰，因蟳埔特定的环境和地理位置而形成了深厚的历史积淀。蟳埔保留了许多闽南传统习俗，有独特的婚庆、年节、祭祀等习俗，其中以"半夜出嫁"的婚俗、"妈祖巡香"的祭祀仪式最为突出。而每年农历三月二十三的妈祖生日，则是闽南民俗集中展示的日子。

　　2008年，"蟳埔女习俗"被列入第二批国家级非物质文化遗产代表性项目名录。

惠安女服饰

　　惠安女服饰源于百越文化，定型于唐代，至宋代渐趋成熟，又融会了中原文化和海洋文化的精华，经过1000多年的演变和传承而来，主要流行于福建省东南沿海地区的惠安县一带。

　　惠安女服饰款式奇异，装饰独特，色彩协调，纹饰艳丽。当地民谣"封建头，民主肚，节约衣，浪费裤"，形象地概述了惠安女服饰的特征。斗笠是惠安女现代服饰最显眼的部分，主体色彩是纯黄色的，非常鲜艳。头巾是惠安女服饰中最富有特色的部分，每条头巾都是正方形的，配以清晰、淡雅、悦目的色彩和花纹。惠安女的发饰装扮，继承了中国古代妇女重视首饰的传统。衣服最大的特点是"衣短露脐"。惠安女的腰饰，一种用各种色彩的塑料带编织而成，色彩醒目；另一种用白银打制。惠安女所穿的裤子主色调为黑色，显稳重、大方。惠安女服饰各部分之间在色彩、款式、线条、图案等方面搭配协调，既有传统风味，又具现代气息。

2006年，"惠安女服饰"被列入第一批国家级非物质文化遗产代表性项目名录。

福鼎瑞云四月八歌会

瑞云四月八歌会是宁德畲乡民众的重要节俗之一，是畲族传统文化的重要组成部分，主要流行于福鼎市硖门畲族乡瑞云畲族村。瑞云村居住着蓝、雷、钟、李等姓的畲族同胞，每年农历四月初八，畲族歌手通过"赛歌会""火头旺"等独具民族特色的活动，展现当地畲族传统的歌唱习俗。

瑞云畲族过"火头旺"就像是他们的"狂欢节"，篝火在旷野里燃烧，男女青年载歌载舞，洋溢着热情与喜庆。歌会期间，有在"野地"唱的，也有在自家门口对唱的，群体对唱则三五人、六七人不等。瑞云赛歌大都临场即兴创作，随

蕉城区八都观众观看
畲族歌会（陈奇灏　摄）

2018年乡村旅游文化节暨第七届瑞云"四月八"畲族歌会（牛歇节）

编随唱，欢快活泼，称为"散条"。瑞云畲歌内容丰富，形式多样，最主要的有情歌、生活歌、劳动歌、时政歌和杂歌等。在不断的传唱和创作中积累，畲歌的内涵得到了进一步挖掘与发扬。另外，随着社会的发展，新的生活方式也带进了赛歌场，如使用手机对唱，缩短了时空的距离。经过长期的生活实践，瑞云畲族"四月八"被赋予了新的内容，如在"四月八"这一天，畲家人设席招待亲朋好友；牛不下地耕田，并备"牛酒"专供牛食，又叫"牛歇节"。

瑞云"四月八"的山歌优美动人，具有很高的历史价值和文学艺术价值。歌谣历来通过口头代代相传，部分以汉字记录畲语的方式手抄流传民间。

2011年，"歌会（瑞云四月八）"被列入第三批国家级非物质文化遗产代表性项目名录。

霞浦畲族婚俗

霞浦畲族婚俗最大的特点是"俗不离歌"，在婚嫁的许多环节中，皆以歌论事、以歌结交、以歌传情、对歌唱和贯穿其间，成为一种十分独特的风俗。歌声贯穿于从恋爱到完婚的全过程，尤其是婚礼上的"做暖房"，且歌且舞，最具民族风味。

霞浦畲族婚俗实行一夫一妻制，初时实行族内远房成婚，对歌找恋人，自许终身，后来逐渐演变为经媒人介绍，双方同意后聘礼成婚。霞浦畲族婚姻传统上极少与汉族通婚，现畲汉通婚日趋增多；在本民族内，忌讳同姓联姻，长期以来实行的是宗族外婚制和民族内婚制。旧时崇尚"父母之命，媒妁之言"，如今包办婚姻日趋淡薄，自由恋爱之风愈益浓厚，借对唱山歌而互相熟悉、建立感情，逐渐成为畲族男女青年选择配偶的重要方式。婚嫁方式有女嫁男、男嫁女、做两头家、子媳缘亲等形式。畲族婚俗仪式隆重，且婚礼上有"男拜女不拜"的讲究，体现了畲族自古以女性为尊的观念。畲婚仪式由议婚、订婚、做表姐、做亲

对歌（黄俊　摄）

228

畲家婚礼

家伯、成亲等部分组成，具体的形式有拦路（门）、举礼、喝宝塔茶、脱草鞋、借镬、杀鸡、撬蛙、对歌、对盏、留箸、留风水、行嫁、拜堂、传代、回门等。嫁妆一般为生产工具和日用家具。由于畲族长期与汉人混居，虽保留着诸多民俗，但逐渐在被汉化。

2014年，霞浦"畲族婚俗"被列入第四批国家级非物质文化遗产代表性项目名录。

3. 民间信俗

陈靖姑信俗

陈靖姑信俗始于宋而盛于明清。近现代以来，临水夫人的信仰以古田至福州为信仰中心区，以闽北、闽东、浙南为亚中心区，以闽南、台湾以及东南亚为散播区。在福建众多的女神中，其影响仅次于妈祖。

据明万历《古田县志》载，陈靖姑生于唐代，福州仓山下渡人。相传唐贞元六年（790年），福州大旱，陈靖姑脱胎祈雨，不幸身亡，终年24岁。生前她曾发誓死后要"扶胎救产"，后乡人立庙祭祀，尊她为妇女儿童保护神，俗称娘奶、奶娘，尊称临水夫人、太奶夫人、陈夫人。宋至清代各朝屡有敕封，有"崇福昭惠慈济夫人""天仙圣母""护国太后元君""顺天圣母"等。陈靖姑香火历年来传承不断，请香接火仪俗全年进行，以农历正月陈靖姑诞辰月的仪俗活动最为隆重。活动期间，各地信众组成"夫人社"到古田临水宫庆祝圣诞，并从祖宫请香接火回乡祈神醮仪。在此过程中，各地不同流派的道教科仪、民间音乐、戏曲舞蹈等皆有展示。陈靖姑信俗在海内外的信众达8000多万，有4000余座临水宫分庙，仅台湾就有400多座临水宫分庙。20多年来，台湾到古田祖宫朝圣者已有40多万人次。以请香接火仪俗为媒介，台湾同胞在人同祖、神同缘的俗信仪式中增进了与大陆同胞的情感交流和对民族文化的认同。

2008年，福州仓山、龙岩古田两地申报的"陈靖姑信俗"，分别被列入第二批国家级非物质文化遗产代表性项目名录。

古田陈靖姑祖庙

张圣君信俗

张圣君，又称张圣者、张法主公，乳名慈观，俗称张锄柄，是宋代闽中地区平民社会中产生的民间信仰人物。张圣君现已发展成为海峡两岸居民所笃信的神明，并广泛传播到以东南亚为主的世界各地，全球信众数千万人。

南宋绍兴九年（1139年），张圣君出生于福建省永泰县嵩口镇月洲村。张圣君信俗形成的年代为南宋初之绍兴至乾道年间，明朝正德皇帝敕封其"法主"神号。相传张圣君得道于方壶岩，演法于石牛山，仙逝于金沙堂，为闽台最大的农业神、道教闾山派大师、法主教教主，以及传说中的瑜伽传播者和孙悟空的原型。张圣君每云游一地，都宣扬"恶有恶报、善有善果"的道教因果道理，所做好事数不胜数；他疾恶如仇、惩恶扬善，降妖除魔、保境安民，深得信士弟子敬仰膜拜。淳熙十年（1183年）羽化升天。

张圣君塑像

张圣君故里

保生大帝信俗

保生大帝信俗的起源可追溯至北宋中期。明代后期及清代，保生大帝信俗随开垦者渡海传入台湾。现在中国大陆和台湾的保生大帝祭祀均沿袭古制，与地方民俗相结合，形成一套带有闽台地域特色的祭典仪式，在海内外极具影响力。

保生大帝姓吴名夲，北宋同安白礁乡人。因其精通医术，救济生民，被民间尊为"医灵真人"，身后又得到历代褒封。明朝廷敕封吴夲为"保生大帝"。在民间，保生大帝还被称为"吴真人"或"大道公"。福建省内，保生大帝的祖庙以厦门海沧青礁慈济宫和漳州龙海的白礁慈济宫为主。农历三月十五是吴真人诞辰日，民间照例举行自宋代即形成的吴真人诞辰祭祀仪式。祭典期间通常还开展民间文艺活动，闽南木偶戏、南音和来自台湾的芗剧等都参加表演。青礁慈济宫现在是世界保生慈济文化的中心。白礁慈济宫吴真人诞辰祭典仪式，是海峡两岸

白礁慈济宫保生大帝祭祀活动

民众共同奉行的一种传统祭祀仪式，参加者以龙海人为主，延及海峡两岸民众和东南亚地区的华侨华人。

2008年，厦门海沧、漳州龙海两地申报的"保生大帝信俗"，分别被列入第二批国家级非物质文化遗产代表性项目名录。

三平祖师信俗

三平祖师信俗，又称广济大师、祖师公等，俗名杨义中（781—872），祖籍陕西高陵，出生于福清，是闽南地区特别是漳州一带的主神之一。千百年来，三平祖师作为一方神祇香火不断，每年朝山进香的虔诚香客达数十万人次。

杨义中14岁出家，27岁受具足戒后云游天下，遍访海内名僧。唐宝历元年（825年），回漳州弘法，建"三平真院"。唐会昌五年（845年）武宗毁寺灭佛，杨义中避居大柏山麓，继续聚徒讲法，并教给当地少数民族以桑麻耕织知识，为群众治病，深受人们的爱戴。唐宣宗即位后，恢复佛教合法地位，敕封义中为"广济大师"。义中去世后，后人在三平寺修建三平祖师殿，把义中作为神灵奉祀。每年正月初六、六月初六和十一月初六分别是三平祖师的生日、出家日和圆寂日，在这三个日子里，三平寺往往要举行盛大的祭典，善男信女云集，寂静的山间喧腾起来，正月初六尤为热闹。没有进山礼拜的善男信女，也通常备办果品、饯盒在家门口遥祭。另外，罗源县起步乡百姓称三平祖师为"三太公"，每年正月十三举行迎三平祖师仪式，每三年还要"过火"一次。"过火"，即抬神像赤脚过火炭。

2014年，"三平祖师信俗"被列入第四批国家级非物质文化遗产代表性项目名录。

延平郡王信俗

延平郡王信俗的祀奉对象为郑成功，该信俗自清朝光绪年间从台湾地区传入厦门。延平郡王信俗及其祭典是闽南文化的重要组成部分，也是联系海峡两岸民

金门延平郡王祠

延平郡王信俗

众的文化纽带。

郑成功率军驱逐了荷兰殖民者，并组织大批汉族军民开拓台湾，南明永历帝封其为延平郡王。郑成功作为民族英雄，在海峡两岸享有极高的威望，百姓感其功德，在郑成功逝后自发祀奉，遐迩广布，代代相传。清顺治十二年（1655年），郑成功改中左所为"思明"州，在今思明区内，有水操台、演武场、延平郡王祠、"荥阳通祠"（郑氏祠堂）等遗迹。台湾有58座延平郡王祠。每年到春秋二季，或逢郑成功生辰、逝世纪念日，或郑成功建立思明州的时间，皆会组织祭祀郑成功。同安、香港等地的郑氏宗亲都会来烧香祭拜。

2021年，"延平郡王信俗"被列入第五批国家级非物质文化遗产代表性项目名录。

清水祖师信俗

清水祖师信俗，发端于福建省安溪县清水岩。清水祖师法号"普足"，俗名"陈荣祖"，是北宋时泉州安溪的高僧，在安溪清水岩修道，被尊称为清水祖师。

清乾隆《福建通志》卷三记安溪清水岩："宋僧普足建道场，岩中石隙出米，工竣而米绝。乡人祀之，祷雨辄应。"祖师逝后，百姓感恩，崇奉为佛，香火旺盛，被安溪人视为地方最重要的保护神，也被茶业尊奉为安溪铁观音的保护神。该信俗广泛流布于中国闽、粤、浙、香港、澳门、台湾等地区，以及日本、新加坡、马来西亚、印度尼西亚、菲律宾、泰国、缅甸等国家。每年春节，迎春绕境是该信俗的主要活动。绕境三天，举行献花、献茶以及请"三忠火"（仪诣三忠庙拜祀张巡、许远、岳飞）仪式，以敬茶的方式迎请清水祖师下山。该信俗对于传承华夏文明、增强民族凝聚力等具有重要意义。

2011年，"清水祖师信俗"被列入第三批国家级非物质文化遗产代表性项目名录。

广泽尊王信俗

广泽尊王，又称圣王公、郭圣王、郭尊王等，原名郭忠福，生于后唐同光元

两岸连线共同举办广泽尊王"圣王公祭祀祈福典礼"

年（923年），安溪县（一说云南安县郭山）人，以孝闻名于乡里，相传16岁时，在凤山寺盘膝于古藤上得道坐化。

自宋至清，广泽尊王获历朝皇帝六次敕封祭典。明清时期，广泽尊王信仰随南安移民传到闽东、闽西、台湾和东南亚等地，至今这些地方仍有广泽尊王庙，以台湾最多。广泽尊王在福建各地影响都很大。明清时，南安县有数十座广泽尊王庙，称"十三行祠"；泉州府属各县及漳州、厦门等地也有广泽尊王庙；福鼎县点头镇百姓，每逢广泽尊王诞辰和成圣归天日都要设宴祈福，举行祭祀仪式。各地信众旧时遇疾病灾害，必举行出巡活动，一般历时二日，仪式隆重。广泽尊王的祖庙为南安诗山的凤山寺，香客络绎不绝，每逢诞辰和忌辰，当地群众必举行盛大祭典。广泽尊王信俗的文化核心是行孝、爱民、保安、护国，是福建沿海及世界各地闽南民系的保护神。广泽尊王信俗对维系和促进海峡两岸同胞文化认同、情感交流发挥着精神纽带作用。

妈祖信俗

妈祖是中国影响最大的航海保护神。该信俗是以崇奉和颂扬妈祖的立德、行善、大爱精神为核心，以妈祖宫庙为主要活动场所，以习俗和庙会等为表现形式的民俗文化。

妈祖，原名林默，北宋建隆元年（960年）农历三月二十日出生于福建莆田湄洲。林默诞生至满月从未啼哭，因而取名"默"，昵称"默娘"。相传林默娘小时候勇敢聪明，事亲至孝。8岁从师学习，过目成诵，悉解文义。10岁时，随母亲王氏诵经礼佛。13岁时，得到一位老道士指点，授以"玄微秘法"，能识诸般要典。15岁时，能为人治病，扶贫济困。她熟习水性，能驾船、挽缆，巡游于岛屿之间，常于风浪里救助遇险船舶；曾点燃自家的房子，用火光引导迷航的商船脱险。28岁时因在海上救人而献出年轻的生命。

妈祖一生扶危济困、治病救人，并因救人于海难而献身，被百姓立庙祭祀，奉为海神。随着航海业的发展和妈祖影响的扩大，历代朝廷先后封妈祖为天妃、

妈祖石雕像

妈祖祭典

天后、天上圣母。每年农历三月二十三为妈祖圣诞之日，莆田湄洲妈祖祖庙都会举行祭典仪式，行祭地点设在祖庙广场和新殿天后广场。祭典全程约需45分钟，规模有大、中、小三种，程序繁复，仪式隆重。该信俗传播到世界20多个国家和地区，为两亿多民众所崇拜并传承至今。

2006年，"妈祖祭典"被列入第一批国家级非物质文化遗产代表性项目名录。2009年，"妈祖信俗"被联合国教科文组织列入人类非物质文化遗产代表作名录。

雷海青信俗

雷海青，又名田公元帅、相公爷等，是福建、台湾及广东潮州一带艺人供奉的戏神，也是闽台民间信仰的重要神祇之一。闽中主祀田公元帅的宫庙计480多处，其他旁祀的则不计其数。福建省各个剧团均有信仰戏神雷海青的习俗。台湾民众约有三分之一信奉田公元帅。

雷海青原为清源郡田庄村（今福建莆田东峤镇田庄村）人氏，是唐玄宗时的著名宫廷乐师，善弹琵琶。相传因其出生时嘴巴周围皮肤黝黑，父母以为不祥弃于村外，后被戏班收养，见他帽上绣有一雷字，乃取名"雷海青"。雷海青在戏班长大后被选入宫，得到了唐明皇的赏识和器重，委以梨园教官。天宝十四年（755年）安史之乱，雷海青因命戏班拒绝为安禄山演奏而被杀害。唐明皇感其忠烈，诰封其为"天下梨园大总管"。莆田"百戏"（木偶戏、杂戏等）乐工们拜雷海青为保护神、祖师爷，戏神雷海青信仰自此诞生。明代，莆仙民众为雷海青建造瑞云祖庙。宋代，高宗皇帝加封雷海青为"大元帅"。相传某年雷海青显灵救戏班时，由于帅旗只露出"田"字，于是便有了田公元帅称号。而在漫长的历史演进中，田公元帅逐渐被赋予了能消灾解厄、扶正祛邪的全民保护神的身份。

2010年，《田公元帅的传说》被莆田市人民政府公布为莆田市第三批非物质文化遗产名录。

马仙信俗

马仙信俗发源于浙江南部，在福建和中国台湾等地区盛行，在这些地区影响力仅次于妈祖和陈靖姑。马仙以农耕社会中侍母孝姑、勤劳耕作、纺织持家、和谐邻里的品德操行，受到敬重而被奉为典范，殁后被祀为神。

马仙，又称马氏真仙、马仙姑等，原名马元君，俗名马五娘，有建瓯人、霞浦人、永安人诸说。据何乔远《闽书》和冯梦龙《寿宁待志》记载，马五娘出嫁前夕，未婚夫突然去世，但她发誓不再嫁，侍奉公婆至孝，待公婆终其天年后，

马仙信俗活动

便飞升而去。当地百姓遇到旱灾，常请她祈雨，据称随祷随应，当地人奉之为神，立庙祭祀。柘荣县的马仙信俗始于宋元，盛行于明清，民国以来有很大的发展。宋代，先后敕封其为"灵泽感应马氏真人""懿正广惠马氏真人"，其影响逐渐扩大至浦城、沙县、松溪、崇安、寿宁等地。明清以后，马仙信俗逐渐向闽中、闽南传播。每年农历七月，相传为马仙神诞之期，柘荣城关及城郊邻近十三境的群众，皆按例举行规模盛大的"迎仙""巡仙""送仙"仪式。此俗相沿至今已500余年。马仙信俗目前在闽北、闽东地区仍有较大影响，是群众祈福禳灾的主要对象之一。

2014年，柘荣"马仙信俗"被列入第四批国家级非物质文化遗产代表性项目名录。

乡风——马仙巡境（魏高鹏　摄）

七、海边的特色村镇

　　山海之间的八闽大地，星罗棋布着一个个伴海而生的小村镇。它们具有静谧古朴的气质，五彩缤纷的色调，婀娜多姿的姿态；拥有电影质感般的风景，千年渔村的烟火气息，质朴纯粹的味道；藏有我们心中田园牧歌式的理想家园，以及内心深处柔软的乡情。"江山留胜迹，我辈复登临"，走进福建滨海小村镇，便仿佛回溯到历史长河之中，踏入了如诗似乐的画卷之内。

　　福建滨海村镇多为"海滨邹鲁""文献名邦"，历史悠久独特，文化光辉夺目，名人灿若星河，人文景观奇绝。遗留至今的历史文化名胜众多，文物古迹、名人故地、民间习俗等多姿多彩、别具一格。福建滨海村镇又多系海防重镇、历史商港、著名侨乡。它们大多曾为宋元明清以及近代以来的抗倭防侵、保家卫国之地，英雄人物各领风骚，石城、石堡、炮弹等遗迹遍布村镇的角角落落。同时，作为古代对外贸易的港口，这些滨海村镇至今仍保留宋元明清时期的渡头、码头、古道。并且，明清以来福建人侨居海外者不在少数，闽台更是一家亲，这些滨海村镇具有浓厚的侨乡文化、闽台文化。

　　福建滨海村镇风光旖旎，颇具山川之盛。风和日丽之时，微波荡漾静如练，海天一色霞成绮；烟雨蒙蒙之日，"半壕春水一城花，烟雨暗千家"；风浪汹涌之时，"日冲海浪翻银屋，江转秋波走雪山"；月出东山之际，"平分秋色一轮满，长伴云衢千里明"。福建滨海村镇多为重要渔港，海产资源丰富。"江头落日照平沙，潮退渔船阁岸斜"，渔港景色自是美不胜收。而"千年渔港，天下鱼仓"，渔港所产海产品更是珍馐美味吃不尽、品不完。

　　如今，平畴沃野展新颜，村镇振兴奏强音。这些福建滨海村镇不少已被评为省级、国家级传统村落，被誉为省级、国家级文明村镇、生态村镇，入选旅游名镇名村示范名单。这些村镇的历史文化已为人们所识，风光景色已为人们所赏，旅游业也步入发展的快车道，美丽乡村建设如火如荼，交通古今巨变，经济一日千里，社会面貌为之一新，古朴的村镇正焕发新的生机，逐步走向现代化。

连江定海村

定海村隶属连江县筱埕镇，地处闽江口北岸定海湾、黄岐半岛西南突出部，与马祖列岛隔海相望。定海是连江县的一个重要渔业村，是福建省首批省级历史文化名村。它形如单臂出拳，富山海之利，得风气之先，是东海之滨一颗璀璨的明珠。

定海历史悠久，文明昌盛。村落形成于西晋太康年间（280—289），时称亭角。自唐朝开始，分出大亭（今大埕）、小亭（今筱埕）。五代时，闽王王审知以定海湾为中心，开辟了福建历史上最早的对外贸易港——甘棠港，与泉州"刺桐港"齐名，同为海上丝绸之路的起点之一。至宋代中晚期，定海以山海优势，发展渔业，海运发达，成为贸易繁荣的渔商港，"秋来海有幽都雁，船到城添外

定海村

定海村——出海

国人"，即是当时定海港商旅云集的形象写照。定海白礁水下沉船遗址发现大批古陶瓷，也可印证宋元时期定海海外交通发达、陶瓷外销繁盛。

定海扼江口、控海道，地势险要，素称"闽江北喉"，历来为兵家必争之地。元设巡检司、立千户所。明洪武间（1368—1398），为防倭寇，建筑城堡，周长2000多米，高6米多。增设小埕水寨于千户所旁，为全省五大水寨之一。清置游击署，被当作省会门户。历史上，倭寇侵扰我国沿海长达200余年，定海一直是闽东沿海抗倭斗争的前沿阵地。定海古城至今依然保存着古城主体风貌，临海而筑的古堡雄关之景，雄伟气派的"会城重镇"牌匾，三道拱洞形成的"三重门"，回环分布的雨巷，冬暖夏凉的古井，青石垒砌的石屋，大如华盖的老榕等，无不述说着近700年的岁月沧桑。

定海三面临海，海岸线长达10多千米，海域面积约130平方千米，岛屿36个，境内的定海湾有"天然良港"之誉，是福州市外港码头的最佳选址之一。定海渔业资源丰富，种类繁多，尤以"鲜活"而名闻省内外，拥有石斑鱼、真鲷、鲍鱼、竹蛏、红蟳、龟足贝等海珍品，素有"丁香鱼王国""海带娘家"之美称，其产量产值均居全县前列。1996年产值超亿元，成为筱埕镇第一个亿元村。海洋捕捞、海水养殖、海底采壳、海上运输、海产品加工和商业贸易六大海洋产业已形成产业化生产体系。

定海山清水秀，人杰地灵，自然景观和人文景观辉映成趣。古城古港被逶迤山峦、曲折海岸环抱着，又点缀着岩壁沙滩，明屿暗礁，白浪红花，鸥翔帆扬，构成一幅古朴宁静、旖旎宜人的滨海画卷。端午之际，还可观看已有400多年历史的海上龙舟赛，大舟阔船，四队竞技，精彩无比。

连江官坞村

连江县筱埕镇官坞村位于黄岐半岛西南部，三面环山，是黄岐湾最中心的渔村，与马祖列岛仅一水之隔，东邻安凯镇，北靠可门港，西接大埕村，南对马祖

2019年10月8日，连江海带获国家地理标志保护产品，图为海带收获场景

筱埕镇官坞村

岛。官坞村如今是一个以海水育苗、养殖、加工为主的纯渔业村，成为闻名中外的"中国海带之乡"，被誉为"全国小康建设明星村"。

官坞村旧称连江县宁善乡崇德里二十六都现龙境，意为官船停泊的港湾。自古官方船队运盐往上海、江浙一带，途经此地避风补给，因此得名。

20世纪80年代中期，官坞村还是一个远近闻名的贫困渔村，当地民谣："有脚不踏官坞角，有女不嫁官坞男。"1987年，村里创办海带加工厂，还创办了海带育苗场。经过几十年的发展，官坞村已成为全国最大的工厂化海带良种育苗基地。该育苗场长期聘请中国水产专家教授担任技术指导，自主培育成功的"连杂一号"海带种苗，连续六年质量在全国同行业中处于领先地位。除育海带苗外，官坞村还利用面临大海的优势养殖与加工海带。其海带养殖面积和产量均居全国村级首位。海带加工也已从粗放加工向精深加工转变，海带产品有腌渍海带、熟干海带、即食海带等系列产品十几个。

经过不断实践、创新、发展，官坞已建成全国最大的海带育苗基地、海带暂养苗基地、海带精深加工基地、海带原料、鲍鱼饲料集散基地等"五大基地"，并形成产、供、售一条龙产业链。村子富了，村民也富了。

官坞村人文景观、自然景观资源尤其丰富，至今仍保留有明清时抵抗倭寇来袭的石屋，状元帽、观音岩、龙井、笔架山星罗棋布，寺庙、老街、祠堂、小溪、海礁错落其中，牧笛与渔歌相映成趣，散发着沿海渔村独特的魅力。吸引了大批的观光客与钓客，驾舟探幽岛屿，走进官坞古村，参观海带养殖基地和育苗生产车间，体验海水捕捞作业，感受手工制作海带，选购海产海鲜，品尝海味。旅游业成为官坞新的经济增长点。2012年，官坞村被评为"中国十大魅力乡村"，2021年，获评为2020年度福建省乡村振兴实绩突出村。

长乐三溪村

"屏嶂铺霞山积锦，龙潭印月水浮珠"，这是前人对三溪村的叹赏之辞，可见其山水风光之胜。三溪村位于长乐区江田镇，吴航十二景之一"屏嶂铺霞"所在的屏山脚下，因潼溪、南溪、北溪汇集于此而得名。三溪亦称鼎溪，上游为潼溪，下游分为南、北两溪，南溪入海，北溪入闽江口。三溪村为福建第一批省级历史文化名村，青红霞紫是其色彩，水曲山环是其姿态，古朴静谧是其品格。

三溪开发历史可追溯至唐季，三溪潘姓始祖著作郎潘纲迁居至此。宋时，三溪的经济文化相当发达，朱熹曾游览和传学于此，并勒"溪山第一"四字。三溪人文渊薮，人杰地灵，千百年来，凭借自然造化之力，文化积蕴之功，哺育出74名进士和100余名举子。三溪钟灵毓秀，英才辈出，最为闻名者有宋代潘氏父、子、孙、曾孙四代五中丞，"二难进士"潘循、潘衢，一代好官潘炳年等。

三溪风景优美，自然景观和人文景观相得益彰。"门前三溪水，不改唐时波"，这里山光水色交相辉映，"斑斓五色迷苍洞，盘郁千层拥碧穹。散绮遥连江练净，腾辉斜接日华红。"站在山巅上极目远眺，海天一色，烟波浩渺，村落风光尽收眼底，令人心旷神怡，流连忘返。这里历史文物众多，名胜有屏峰铺霞、畈愚洞、豸石、天龙井、九仙洞等；古建筑有紫阳阁（朱熹讲学处）、潘氏

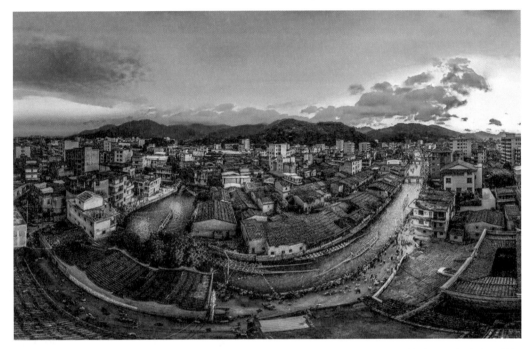

三溪村（江田镇政府　供）

宗祠、鹫岭祠、朝元观、植柱庙等；古桥有南北双溪上的唐宋以来所建石桥5座，名为大桥、平桥、小桥、当桥和下桥；摩崖石刻有钓鳌石、苏才翁题刻及"溪山第一""鸢飞鱼跃"题刻；出土文物有隆武铜印、二难碑等，巧夺天工，美不胜收。三溪荟萃古今书法名家的题刻墨宝，流光溢彩，争奇斗艳。

三溪也是革命老区，具有光荣的革命传统。在抗日战争时期，三溪儿女在中国共产党领导下，积极开展抗日战争。1941年，三溪人民在闽中游击队司令员陈亨源带领下，击败汉奸"和平救国军"，粉碎日军两次"扫荡"。三溪"抗日街"已成为后人缅怀先烈、进行爱国主义教育的好课堂。

自古龙舟日竞渡，独有三溪夜赛航。三溪的龙舟夜渡是福建省独有的乡土风情。南溪每年端午节夜间灯光辉映，溪中龙舟竞发，两岸及桥上人潮如涌，热闹非凡。三溪以其山水交融、自然奇秀和历史悠久、人文荟萃，造就了文化品位较高的旅游资源。2015年，三溪村入选福建省第一批省级传统村落。

长乐琴江村

长乐区航城街道的琴江村位于闽江下游南岸，与福州经济技术开发区隔江相望。因流经这一段的闽江宛如一把古琴，故得名琴江。这里是古代长乐太平港口岸，明代郑和下西洋船队曾驻泊于此。琴江是福建省唯一的满族聚居村，为福建首批省级历史文化名村，国家级历史文化名村。

琴江原为"福州三江口水师旗营"，是清代全国四大水师旗营之一，这里有目前我国东南沿海仅存完整的清代水师军事城堡，迄今已有近300年的历史。清雍正七年（1729年），驻闽副都统阿尔赛奏请朝廷从老四旗中抽调513名官兵携眷进驻琴江，围地筑城，建立福州三江口水师旗营。因水师旗营布局似太极八卦，故又称"旗人八卦城"，其八卦城构造为一座体现了中国古代军事思想、立足于巷战、军事设施完善的军事城堡。琴江水师旗营由于其特殊的地理位置，建营后参与了中国近代史上有关我国海疆的许多重大军事行动，特别是参与甲申中法马江

琴江满族村（长乐区航城街道　供）

之战，抗击法国侵略军，谱写了光辉的一页。至今每年七月初三，群众都自发举行公祭活动，祭奠先烈英灵。2000年，旅台乡亲集资修建抗法烈士陵园，陵园濒临闽江，雄伟壮观。

琴江村人杰地灵，人才辈出。有"治世良才、一代河臣"赖安，《南洋商报》主笔蓝开岁，民国海军中将许建廷，我国海商法奠基人之一黄廷枢，中国民主促进会发起人之一曹翥等。

琴江村的文物古迹众多，军事遗址有中法马江战争遗址、炮山炮台遗址、鲤鱼山炮台遗址等；古建筑有水师城、旗人街、将军行辕、云门寺、毓麟宫、天后宫、古井等；摩崖碑刻有鹤山摩崖石刻、毓麟宫石碑、立营碑、林则徐墨宝"海国屏藩"题刻、萨镇冰所题"江城海域"碑刻等。

琴江村拥有中国或中国南方的诸多"唯一"：中国至今唯一家家户户保存有"六离门"，以示"永不投降"的村庄；中国唯一一个270多年间村民曾参加中国所有跨海作战的村庄；中国东南唯一保存完整的满族村，至今仍沿用满洲语，成为福建省唯一的"北方语言孤岛"，中华八旗文化的"活化石"。

如今，琴江村民正以琴江优越的地理区位、方便的水陆交通、丰富的自然人文景观资源，开发以满族风情为主题的旅游项目，琴江的历史将翻开新篇章。2015年，琴江村入选第三批全国特色景观旅游名镇名村示范名单，2010年，入选为第五批中国历史文化名村，2020年，被授予第六届全国文明村镇称号。

翔安大嶝三岛

大嶝三岛由大嶝、小嶝、角屿三个岛屿组成，位于厦门翔安区东南沿海的大嶝街道，与金门仅隔2千米远的水道。其中大嶝岛面积12.18平方千米，小嶝岛面积0.8平方千米，角屿岛面积0.25平方千米。

在抗日战争、解放战争时期及中华人民共和国成立初期，大嶝岛一度是前沿阵地。特别是1958年的"八二三炮战"，大嶝人民为巩固国防作出了重大的贡

大嶝岛

献，涌现出许多可歌可泣的动人故事，被誉为"英雄三岛"。改革开放以来，随着两岸关系的缓和，昔日的海防前线，已成为投资、商贸、旅游的热土。

"不到长城非好汉，不到三岛非英雄"，大嶝岛的旅游景点别具一格。战地观光园坐落在大嶝岛东南端，观光园内建有"世界之最——大喇叭""八二三炮阵地遗址""英雄雕塑广场""战地坑道""英雄三岛军民史迹馆""军事武器陈列场""国防教育馆""世界兵器模型展馆""祖国和平统一展览馆""空飘、海漂史迹展览馆"等景点。该观光园与金门一衣带水，隔海相望，是全国唯一面向金门，以统一祖国大业为主题，以战地观光为内容，融爱国主义教育、国防知识教育、军事科普教育、休闲娱乐为一体的多功能教育基地和旅游胜地。

大嶝小镇是近年建好的旅游景点，是大嶝对台小额商品交易市场，集商贸、旅游、休闲、购物于一体的独具对台特色的商贸旅游综合体、台湾民生消费品集散中心。大嶝小镇·台湾免税公园已建成开业。千个品牌，万种商品，休闲式购物，体验式消费，地道台湾味+免税，全国唯一，是大嶝小镇的独特魅力。

此外，还可以参观具有闽南特色的气派非凡的"五府王爷宫"寺庙；可以

大嶝岛对台小商品交易市场

荡舟海上，近在咫尺的金门岛尽收眼底；可以在四季如春的海滨浴场休闲游玩。缅怀革命先烈，欣赏秀丽的海岛风光，体验闽台风情，购买免税物品，实现吃、住、行、娱、游、购一条龙配套服务。

龙海海澄镇

海澄镇位于漳州市龙海区的中部，九龙江下游汇海处，东与东园镇接壤，南接东泗乡，西与榜山镇、石码街道交界，东、西、南三面多山，北临九龙江，与紫泥镇隔江相望。海澄镇因明隆庆元年（1567年）平息倭寇骚乱，析龙溪、漳浦两县部分地区置县，寓"海疆澄清"之意，故名海澄。

海澄外通海潮，内接山涧，其形如偃月，古称"月港"。早在明朝正统至明末清初的两百年间，就是我国东南沿海对外贸易的重要商港。《海澄县志》（乾隆）载其"贾肆星列""夷艘鳞集""东接诸倭国，南连百粤疆""处处园栽橘、家家蔗煮糖"，商品经济较为发达，有"小苏杭"之美誉，是闽南一大都会。"市镇繁华甲一方，港口千帆竞相发"是其生动的历史写照。它与汉唐时期的福州港，宋元时期的泉州港，清代的厦门港，并称福建历史上的"四大商港"。

月港遗址犹存，海澄古迹较多。晏海楼，又名八卦楼，矗立在海澄镇古月港港口附近。它初建于明万历年间，已经历400余年的风雨，原为一座军事望台。城隍庙也已有400余年历史，庙群保存相当完好，庙规模颇大，木雕雅致壮观。海澄文庙位于海澄镇豆巷村，建于明隆庆元年（1567年），已有400余年历史。庙坐东北朝西南，依次为泮池、大成门、月台、大成殿、崇圣祠。萃贤坊位于海澄镇中山路，是明嘉靖二十八年（1549年）龙溪知县林松、县丞刘宗用为赞誉弘治甲子科吴元、正德丁卯科林浩、庚午科张贺、癸酉科陈英、丙子科陈令、嘉靖戊子科高宽等相继考中进士而立。

海澄人杰地灵，历史上出现过不少名人。如明代官员、东林七君子之一周起

月港古镇迷人夜色

月港响馆码头

元，被尊为"开台王""第一位开拓台湾的先锋"颜思齐，中国人民解放军开国中将苏静等。

海澄小吃较多，"双糕润"驰名海内外。月港民间每逢岁时节日，婚庆喜事，都会蒸制糯米糕粿，民间称之为"甜粿""红甜粿""白甜粿"，口感好，营养丰富。辇宝饼是海澄小吃中糕饼类的首选，档次较高，营养丰富，甜香软糯，男女老幼皆宜。

东山铜陵镇

铜陵，古名东山，位于东山岛的东北端，东、南、北三面濒海，西部与康美镇毗邻。铜陵地处闽粤之间，是我国东南方少见的天然良港，是一座历经600余年的文化古城。

台湾香缘祖庙——东山关帝庙（刘汉添 摄）

铜陵海上贸易记载始于宋代，明朝为抵御倭寇侵犯，洪武二十年（1387年）江夏侯周公德兴奉命在此设铜山守御千户所，建防御工事。因其地连东坑、铜钵，因此改名为铜山。铜山古城依山临海，气势雄伟，周长571米，高2.1米，女墙864垛，窝铺16个，设有东门"晨曦"、西门"思美"、南门"答阳"、北门"拱极"四门，是全闽海疆的五大古城之一。

东山自古自然景观众多，明代起即有"内八景、外八景、海天八景"之誉，至清代又有"铜山十八景"之说。造化钟灵秀，胜景遍铜陵。这些景观胜迹，绝大部分在风动石景区内。风动石坐落在东山古城东门海滨陡崖上，站在风动石下，异常惊险，叹为天下奇观，诗曰："风吹一石万钧动。"东山风动石以奇、险、悬而居全国60多块风动石之最，被古代文人誉为"天下第一奇石"。风动石是铜陵的标志，人们常说，到了闽南，不到东山，是一件憾事；而到了东山，不到风动石，则更是一大憾事。

东山铜陵关帝庙，又称武庙，位于风动石风景区内，始建于明洪武二十年（1387年），是全国四大关帝庙之一，1996年被列为全国重点文物保护单位。东山关帝庙还是台湾及东南亚众多关帝庙的香缘祖庙，每年均有众多的关帝信徒到东山关帝庙追源谒祖、朝圣观光，东山关帝庙成了两岸民间交流的一道桥梁。

以文峰塔为外延，风动石景区还包括宝智寺、城隍庙、文公祠、黄道周故居等人文胜迹，钓鳌台、石僧拜塔、虎崆滴玉、远古岩画"仙脚印""贵子石"等自然景观，还有东山县博物馆、黄道周纪念馆、碑廊、木栈道等新建景致。可谓佛寺仙宫并列，楼馆亭台毗连，妙石灵泉星布，胜景遍布闽海南天。

铜陵自然景观独特，人文胜景深厚，海洋文化丰盈。近年来，铜陵镇全力打造"七张名片"和"五个创业基地"，促进经济社会又快又好发展，推进生态港口旅游城镇跨越式发展。先后荣获"国家级生态乡镇""国家重点乡镇""福建省绿色乡镇""福建省百强乡镇"等称号，2020年，被评为第六届全国文明村镇，2021年，入选"2021年全国千强镇"。

惠安崇武古城

崇武古城位于泉州市惠安县东南的崇武半岛上，夹于泉州湾和湄洲湾之间，三面临海，是我国现存比较完好的明代花岗岩石头城，也是中国海防史上一个比较完整的史迹，是一处集滨海风光、历史文物、民俗风情、雕刻艺术于一体的国家AAAA级旅游景区。

崇武古城完整保留的石砌古城墙始建于明代，是全国重点文物保护单位。明洪武二十年（1387年），为抵御倭寇，在泉州惠安县的东南海滨建城设防，设置千户所，并改地名为崇武，取崇尚武备之意。明隆庆年间（1567—1572），戚继光曾挥师崇武，在莲花石上设中军台，操练兵马。清顺治八年（1651年），郑成功曾据城40多天，抗击清军。崇武古城迄今已600余年，其海防古城格局保存完整，古城墙和城内4条连通城门的主要街巷把古城划为四象限格局，城内有古民居

惠安崇武古城（吴寿民　摄）

近百处。古城结构严密，风格独特，孤悬碧海，气势雄浑。

崇武古城墙下，有大型岩雕艺术作品——大地艺术。古城边有一处荟萃惠安石雕精品的主题公园——中华石雕工艺博览园，园内共收藏石雕艺术精品500余件，分为25个主题景点。城南是胜景"海门深处"，峭崖壁立，惊涛拍岸，为观海胜景。城东的半月湾，水净沙白，是天然的海滨浴场。附近的大八景如"白鹤升天""龙喉吼烟""滴水弹琴"等都各具特色。

崇武港是闽中重要的渔港和中心渔场，崇武古城充满了传统渔家的生产生活气息。位于古城东南角、始建于明代的崇武灯塔，是渔民们集资兴建的民间灯塔。古城内仍保留着部分渔民居住地段和特色民居，如民国时期渔业商人的宅第等。

在崇武最具特色的便是闽南惠安女民俗风情。惠安女以奇特的服饰、勤劳的精神闻名海内外。惠安女的服饰保留着上衣下裤的基本形制，不仅是生动的乡土文化教材，也是艺术创作的不竭源泉。崇武大岞村的惠安女民俗十分具有代表性。

崇武古城作为福建重要的历史文化遗产胜地，不仅民俗活动丰富，还保持着"一城三教"的信仰氛围。古城内寺庙众多，除云峰庵、海潮庵、恒淡庵等佛教寺庵，城隍庙、东岳庙、关帝庙等道家观院外，灵安王庙、圣王公庙、五帝爷宫等民间信仰的庙宇也众多。

崇武三面环海，海滨绵延着美丽的西沙湾，这里拥有2000多米长的优质沙滩，海岸线曲折，被誉为"中国八大最美海岸线"之一，被称为"南方北戴河"。

崇武独特的历史文化、古朴的民俗气质、浓厚的渔家生活气息，以及优美宜人的海滨风光，每年都吸引着成千上万的海内外艺术家和游客慕名而来。崇武镇被评为"全国文明村镇""国家级生态乡镇"，2012年，入选为第四批福建省历史文化名镇名村，2015年，入选第三批全国特色景观旅游名镇名村示范名单。

石狮蚶江镇

蚶江镇位于泉州石狮市北部，系泉州湾的要隘，扼守泉州湾的门户，因古代沿江滩涂产蚶而得名，雅称锦江。蚶江是著名侨乡，享有"中国灯谜艺术之乡"和"北狮王之乡"之称。

蚶江历史悠久，人杰地灵，文化旅游资源丰富，文物古迹众多，海滨风光旖旎。宋元时期，蚶江是"光明之城""东方第一大港"——刺桐港的门户，海上丝绸之路的起点。清代，蚶江是内陆对台湾岛贸易中心港。嘉庆十一年（1806年）树立的《新建蚶江海防官署碑记》记录"蚶江为泉州总口，与台湾之鹿仔港对渡"，因而民间习称此碑为"对渡碑"。在台湾《鹿港奉天宫志》一书中也记载清代乾隆四十九年（1784年）"蚶江与鹿港对渡"的事宜。

"云南陆地泼水，蚶江海上泼水"，是早已闻名于世的民俗活动。农历五月初五是端午节，蚶江端午节则别开生面——竞舟泼水闹端午。蚶江海上泼水形成于明，而盛于清，成为维系海峡两岸民众亲情的精神纽带。端午当天，海峡两岸数万民众在蚶江举行"放王船"仪式，同时展现采莲、海上泼水、龙舟竞渡、捉鸭子等传统民俗活动。同日，台湾鹿港举办"送春粮"仪式，与蚶江"放王船"活动相对应。该习俗是清代大陆蚶江与台湾鹿港对渡的"历史再现"，在海峡两岸文化交流中发挥着重要影响。

蚶江的灯谜活动在明清两代就相当活跃。每逢佳节，"明灯悬谜于通衢，农夫渔民、商人学界都甚爱好，争先猜射"，射虎之俗蔚然成风。光绪八年（1882年），创建"谈虎楼"谜社，制作了不少物谜、哑谜、画谜，谜文改用白话体，且用方言俗语入谜，并开始与台湾、厦门，以及新加坡等地进行谜艺交流。2000年，蚶江被文化部命名为"中国灯谜艺术之乡"。

蚶江名胜古迹众多，有唐航海家林銮建造的码头，宋名相梁克家的读书处"魁星堂"，海上航标"六胜塔"，长达二十里的蚶江"石板桥"，明广西副使郭宗磐的宗祠，明书法家张瑞图的"再借亭"石刻匾额，航海家郑和的"三宝

蚶江六胜塔（石狮市文化体育和旅游局　供）

溪"，明爱国将领沈有容的"沈公堤"，清民族英雄郑成功的"水操寨""国姓锚"，以及海防官厅、对渡碑、对渡口、东岳庙、夫子宫等。

2004年蚶江镇建设蚶江西裤基地，以休闲西裤为产业龙头，石狮申报"中国休闲服装名城"成功，休闲西裤作为主导产业占有不可忽视的地位。蚶江现为国家级生态乡镇，2017年，被认定为第二批全国特色小镇，2019年，被誉为"中国民间文化艺术之乡"，2021年，上榜全国千强镇名单。2011年，蚶江端午节（石狮端午闽台对渡习俗）入选第三批国家级非物质文化遗产代表性项目名录。

晋江围头村

围头村位于围头半岛最南端，隶属于晋江市金井镇。东临台湾海峡，西靠围头湾，南与大金门岛相距仅五六海里，是祖国大陆距离大金门岛最近的渔村。围头村地理位置特殊，英雄人物辈出，素以"英雄的围头""美丽的围头""海峡第一村"而闻名中外，是一个较为典型的"战地历史文化渔村"。

围头村具有1200多年历史，早在唐宋时期就以"南北洋舟船往来必泊之地"而闻名；宋元时期，围头古港已是泉州海上丝绸之路四大港口之一，南宋太守真德秀曾到围头巡察，创设宝盖寨以防御海寇；明洪武年间，江夏侯周德兴修建的围头司城，遗址至今犹存；明末清初，民族英雄郑成功收复台湾曾屯兵于此，施琅将军也曾在此操练水师；中华人民共和国成立后，曾留下了朱德、陈毅等200多位将帅和省部级领导的足迹。

围头在1958年的"八二三"炮战中名闻中外。如今围头最为著名的旅游景点为围头"八二三"炮战遗址。该遗址包括安业民烈士纪念碑、毓秀楼、达屋楼、一号碉堡、一号防炮洞、战地坑道、1—4号炮台7个文物点及围头民兵哨所1处附属文物。

如今，从战地走来的围头村，成为两岸民间交流的新平台，海峡旅游的前沿窗口。围头港是国家一类口岸，目前与台湾（金门）已通商通航。围头村与台湾

晋江围头村

"冤家变亲家"，据统计，已有100多对两岸新人喜结良缘，围头村从"海峡炮战第一村"变成"两岸通婚第一村"。2010年开启海峡两岸（围头）七夕返亲节，"围头新娘"成为围头发展休闲旅游的一张"海峡名片"。

围头村三面临海，东、西两面都有洁白的沙滩。金沙湾和月亮湾海滩，水质清澈，沙质洁净，是垂钓休闲的好场所。沿海岸线岩石由于海水冲刷，形成了岩洞、石柱等独特景观，且形状不断发生变化，具有较高的观赏价值。围头丰富的海鲜也吸引着各地的游客：石斑鱼、龙虾、黑鲷、黄花鱼、红鲷等，味美鲜香。此外，宋元时期的古渡头观光渔港也是游览的好地方。

"绿色围头、蓝色海湾、白色沙滩、红色遗址、金色围头"，围头旅游资源十分丰富。近年来，围头大力发展旅游业，已形成两条旅游带。东线滨海休闲带拥有"一港二园三海湾"（古渡观光渔港、海角地质公园、东线和平公园、金沙湾、月亮湾、东海湾），西线乡村休闲带形成"一园二楼三广场四区"（"八二三"战地公园，毓秀楼、达屋楼，战地文化广场、永平古城广场、滨海休闲广场，农宿区、拓展训练区、农耕体验区、垂钓区），东、西各具特色，成为乡村休闲旅游的好去处。围头获得国家级AAA旅游景区、福建省国防教育基地、福建省特色景观旅游名村等殊荣。2015年，入选第三批全国特色景观旅游名镇名村示范名单，2016年，被推介为中国美丽休闲乡村。

晋江安海镇

安海镇位于泉州晋江市南部，为闽南金三角的腹地，东邻晋江市灵源街道及永和镇，南临安海港与东石镇，西接南安市水头镇，北承内坑镇。古名"湾海"，这是因安海的海港弯曲之故而得名。

安海镇历史悠久，建镇始于南宋建炎四年（1130年），为福建省四大名镇

安海镇新貌

之一。宋开宝年间，唐代名臣安金藏之后安连济居此，易"湾"为"安"，称安海。元朝时，安海称为晋江县第八都安平镇。至明朝，仍称安平镇，当时安海的商人足迹遍及海内外，号为"安平商人"。生长在安海的郑成功，把安海作为自己的故乡，在他收复台湾后，即把热兰遮城改名为安平镇，以寄托他的思乡之情。安海名称的复称应始自清初施琅将军平复台湾之后，海峡两岸间海氛安然，才将安平改称安海。施琅将军在安海建造九座大厝，安顿其家族居住，俗称"九房施"。历史上的安海凭借港湾深邃、交通发达、物产丰富、商人善贾等优越条件，形成了一个独具特色的地区。

安海镇西南有安平桥，俗称五里桥，是世界最长的古桥之一，建于宋绍兴八年（1138年），其建筑水平堪称世界桥梁之最。1961年，安平桥被列入第一批全国重点文物保护单位。

位于镇区东北的龙山寺，始建于东汉，是福建最早的佛寺之一，现为全国重点佛寺，内有木雕千手千眼菩萨一尊，雕有1008只手臂，栩栩如生，该寺在台湾

龙山寺

及东南亚衍有400多座子寺，其中最著名的是台湾鹿港龙山寺。在镇区繁华地带还有一个建于宋代的古老书院——石井书院，当年朱熹曾在此聚众讲学，首开泉州府理学之先，故有"闽学开宗"之誉。明末郑成功在此读书，并在这里与清兵举行多次谈判。鸿塔水心亭渡头位于安海镇鸿塔社区水心禅寺院内西侧，渡头建于宋代，该渡头遗址是安平港辉煌历史的见证者。

安海为人文渊薮之地，较著名的历史人物有宋代军事家高惠年，明代文学家王慎中、何乔远等。安海的特色古建筑多为祠堂、庙宇，如后库陈氏家庙、安海金墩黄氏家庙、安海高氏宗祠等。安海最著名的特产小吃是安海土笋冻。土笋冻是闽南最神奇、最独到、最有创意的海鲜美食之一，而闽南最正宗的土笋冻要数安海土笋冻，色泽清透、风味尤佳。

安海2009年上榜全国文明村镇名单，2014年，被确定为全国重点镇，2016年，被认定为第五批福建省历史文化名镇名村，2019年，入选为第七批中国历史文化名镇。2008年，端午节（安海嗦啰嗹习俗）入选第二批国家级非物质文化遗产代表性项目名录。

莆田平海镇

平海镇为莆田市秀屿区下辖镇，地处秀屿区东南部，东面隔海与南日镇相望，南临平海湾，西靠东峤镇，北与埭头镇毗邻。平海镇因地处兴化府南部沿海，风平浪静，一片平和而得名。

平海历史悠久，人杰地灵，平海卫学培养出举人64人，进士13人，还有周德兴、戚继光、施琅、郑成功等英雄人物曾经到过平海，并留下可歌可泣的事迹。深沉的历史积淀和深厚的文化底蕴使平海成为远近闻名的"海滨邹鲁"，拥有蜚声中外的天后宫、城隍庙、师泉井、探花府、进士坊等一批省市重点文物保护单位。主要景点有平海古城、有"东方夏威夷"之美称的平海金色沙滩、鬼斧神工的海滩岩以及观音洞、玉霄宫、城隍庙、彰善庙、三官殿等景点。还有全世界最古老、保存最完整的宋代宫殿式原构妈祖行宫。

平海天后宫俗称"娘妈宫"，因宫有108根木柱，又称"百柱宫"，始建于北宋咸平二年（999年），是一座古老而且保存完整的宋代宫殿式建筑原构妈祖行宫，已被列为国家级文物保护单位，全国首批涉台文物保护工程项目。平海城隍庙，创建于明洪武二十年（1387年），清康熙年间复界后重新修建，占地面积600多平方米，现保护完整，具有较高的文物和文化价值。纪念明末抗倭女英雄而立的平海卫师中贞洁石碑石坊，包括一古碑、一石坊，造型古朴简洁，经450多年风雨，仍傲然肃立。平海镇城隍爷代天巡游是传统民俗文化活动，已经沿袭400多年。

朝阳山位于平海北部，海拔仅98米。它虽不高，名胜古迹资源却十分丰富，山上有着朝阳山摩崖石刻、登山栈道、朱德视察处旧址、军用雷达旧址、防空隧道、平海卫家风家训长廊等古迹。

平海有多个风光秀丽的沙滩，如嵌头沙滩、户角沙滩、赤哆沙滩、上林沙滩等，奇峰怪石遍处，别有洞天，海头金色沙滩，海天一色。尤其值得一提的是位

秀屿区平海箭屿

于平海镇平海村的澳仔沙滩。它呈月牙形，与箭屿隔海相望，仿佛一颗星星守护着月亮，故称澳仔为"爱情湾"，箭屿为"爱情岛"。澳仔沙滩为天然的海滨浴场，落日时分，澳仔沙滩一片金黄，为名副其实的"黄金沙滩"。平海港水深8米，风平浪静，清澈见底，素有"玉女瑶池"之称，可停泊万吨级船。平海是莆田的避暑胜地，最佳旅游季节为5月至10月。沐浴金色沙滩，感受深厚的文化氛围，怀想古代的英雄人物，平海无愧为度假休闲的胜地。

平海紫菜、石料、细沙、铁沙、海带、石斑鱼以及滩涂养殖、海洋捕捞等渔业收入较富，可称上"小银行"。平海镇商贸较为发达，2020年限额以上商贸业销售总额9.12亿元，上榜淘宝镇名单。

仙游枫亭镇

枫亭地处福建东南沿海中部，东连莆田灵川，南接泉州肖厝，北靠仙游郊尾，西与园庄接壤，东南临湄洲湾，海岸线5千米，海湾曲线16.5千米。枫亭港通向世界各地，是仙游县唯一的沿海商埠，自古以来就是东南沿海的重镇。

枫亭历史源远流长。新石器时代，境内已有人类繁衍生息。相传汉元狩间（前122年—前117年）来自安徽庐江的何氏九兄弟，到九鲤湖之前曾投宿于此。时值深秋，遍野枫叶红透，何氏兄弟采折枫枝结亭，得名枫亭。

枫亭是仙游历史文化发祥地之一，素有兴学重教的优良传统。自宋至清代登进士第者127人，其中文武状元2人，被誉为"海滨邹鲁""文献名邦"。宋初，陈洪进献漳、泉两州14县，对宋朝廷统一中国作出贡献，被封为南康郡王。北宋名臣蔡襄出任地方官卓有建树，工书法，著有《蔡忠惠公文集》《荔枝谱》《茶录》等。北宋武状元薛奕戍守边疆，为国捐躯，流芳千古。兴化军助教洪忠一生乐善好施，捐资建造太平桥、沧溪桥、沙溪桥等7座桥梁，造福于民。南宋蔡伷、薛元鼎为官清正廉洁，传为佳话。明代陈迁勤于政事，林兰友忠贞节义，为世所称颂。还有国画名家林肇祺遗作，堪称瑰宝。

枫亭文化古迹众多，现存古遗址有枫亭驿、孔子庙、活水亭、蔡京府第等，

枫亭游灯

枫亭镇

古建筑有会元寺、龙天寺、集英亭、崇正祠等，古墓葬有陈政墓、蔡五公墓、蔡襄墓、蔡京墓，石刻碑刻有溪海会流、戚继光碑、重修太平桥碑记等，其他的有老虎画、敬义堂等。

枫亭钟灵毓秀，风光奇特，自然景观有塔斗山、溪海汇流、海滨观潮等。枫亭自然资源也很丰富，境内冬无严寒，夏无酷暑，主要水果有荔枝和龙眼。在宋代，枫亭已是"灯火万家，荔荫十里"，故称"荔城"，其荔枝产量名列全县前茅，名果龙眼以质脆、肉厚、味甜、汁多而著称，熔制成桂圆干，为出口和内销珍品。果蔗、香菇豆等地方特产也闻名遐迩。枫亭林业用地多，森林覆盖率高，有东宅宋代荔枝等珍稀古树。

枫亭镇是稻谷、甘蔗和甘薯的主产区，是仙游境内的鱼米之乡。海洋捕捞、滩涂养殖也成为枫亭重要的经济支柱。2020年，上榜淘宝镇名单。2008年，元宵节（枫亭元宵游灯习俗）入选第二批国家级非物质文化遗产代表性项目名录。

福安廉村

廉村旧名乾岑、石矶津，福安市溪潭镇下辖行政村，中国传统村落，地处穆阳溪中游西岸、溪北洋平原一角。穆阳溪和葵水对廉村形成环抱之势，葵水自西北向东南汇入穆阳溪，东流入海。

廉村商周时代即为闽越人聚居地之一。南朝梁天监元年（502年），为了躲避战乱，光禄大夫薛贺举族由江左南迁福建，辗转定居于石矶津。唐代，赛岐港开港后，穆阳溪成为水上交通要道，石矶津是赛岐港上游的重要码头，农业发达，经济繁荣。神龙二年（706年），薛贺六代孙薛令之考中进士，人称"开闽第一进士"，后唐肃宗嘉许其廉洁贤明，敕封石矶津为"廉村"，水为"廉水"，山为"廉岭"，人称"三廉"。唐末五代，陈姓始祖怀玉自连江县（家谱作罗源县）迁徙廉村，娶薛族女子，遂定居廉村。薛族子孙则迁居于高岑村和黄澜村。此后，陈姓子孙繁衍，蔚成一方大族，廉村成为陈姓聚居的单姓村。

福安廉村全景

　　廉村现存历史文化景点众多。廉村堡建于明嘉靖三十九年（1560年），平面呈椭圆形，周长约1200米，东西各有三个门，东向靠北的两个门保存较好。五进士厝位于廉村下角路9号，建于清道光年间，室内窗花雕刻精美，保存完好。该厝出过五个进士，对研究廉村历史人文具有重要价值。陈氏宗祠始建于明初，嘉靖间遭兵焚，清乾隆十八年（1753年）重建，是陈氏的总祠。宗祠整体建筑一层，具有明清时代建筑的重要特征，整体简洁朴素淡雅，与廉村"廉"风相呼应。陈氏支祠位于廉村上角路24号，始建于清嘉庆年间。祀陈氏祖宗牌，为廉村及周边陈氏族人宗室活动的主要场所，"世德作求"照壁是廉村的文化名片，该建筑内收藏有朱熹墨宝和李灿的字画墨宝。还有明月祠，原名"明月神祠"，俗称"后湖宫"，始建于唐末，是薛令之纪念祠，现存建筑为明清建筑特征；位于廉村上角路35号东侧、始建于明代的古码头；廉村堡内的街巷官道纵横，现存明清时期

铺设的鹅卵石古官道约1000米，典雅整齐。

廉村是一个以"廉文化"为核心，具有明清建筑风貌、古代商埠特色、传统古堡防御和完整宗族聚居体系的山水田园传统村落。廉村曾是通往大海的内河港口，也是沟通闽东北和浙南的水陆枢纽和物资集散地。廉村是福建省少见的古文化村，保存有完好的古建筑、古码头、古雕刻、古官道、古城堡，现已逐步开辟成为福安古文化旅游地。2008年，入选为第四批中国历史文化名村，2012年，被列入第一批中国传统村落名录，2019年，被列入第一批全国乡村旅游重点村名单。

福鼎沙埕镇

沙埕，旧称沙关、沙关雄镇。地处福鼎市东南部，系闽浙海岸的交界地。

沙埕镇

东北与浙江省苍南县沿浦镇毗连，南临东海，西北与佳阳乡接壤，西与店下镇毗邻。埕，养蛏的地方，沙埕镇因境内盛产蛏而得名。

明代时，沙埕是福建沿海军事重镇。沙埕港外有南关山横峙，港中的莲花屿孤浮海面如莲花出水，水深波平，海轮巨舰停泊其间，安若堂奥。金屿门兀立中流，两山夹江如门，极易控守。两岸峰峦绵延，形势险要。明末抗清英雄张煌言（苍水）曾三次到达沙埕港。清代时，沙埕港海内外贸易兴盛，为茶、盐、矾商荟集之地。沙埕港曾为郑成功与大陆私商进行经济交易的重要基地，清光绪三十二年（1906年）沙埕港开埠，海上贸易合法化。孙中山先生在《实业计划》中，曾把沙埕列为拟开发的三大渔港之一。

沙埕是我国东南沿海的天然良港之一。沙埕港港道长40千米，宽约2千米，水深无礁，久不淤积，不起风浪，航道稳定。971县道直达市区与104国道福鼎段衔接，万吨巨轮进出不受潮汐限制。除港阔水深之外，沙埕港有群山庇护，台风季节，港内外风力相差4级，可避12级以上台风，是渔船、客货轮船的天然避风良港。

沙埕镇拥有海域面积400平方千米，沙埕湾顶腹地开阔，潮滩广为发育，蕴含着丰富的土地资源和水产资源，是福鼎渔业主产区，也是闽东主要渔场之一，海

产资源丰富，盛产黄鱼、带鱼、鳗鱼、墨鱼、虾、鲳鱼、马鲛鱼、龙头鱼、梭子蟹等。港内有人工养殖的鲈鱼、白鳌、对虾、海带、紫菜、蛏、青蟹、大弹涂鱼等。沙埕镇又处港湾中心，交通便利，经贸活动繁荣，拥有沙埕集镇农贸市场、台山岛渔货交易市场、沙埕港海上水产品批发市场等专业市场。

沙埕铁枝为国家级非物质文化遗产，闻名中外。铁枝又称"抬阁"，大约在

沙埕渔港

明末清初从泉州一带传入闽东沿海地区。闽东又以沙埕铁枝最为闻名，其过枝艺术高超，表演观赏性强，表现形态容纳性高，阵容强大、场面壮观，具有强烈的闽东渔村风格和浓郁的乡土生活气息。

沙埕名胜主要有与国家重点风景区太姥山连为一体的小白鹭海滨浴场，南镇石鼓山的透天洞，沙埕港中的莲花屿，台山岛的雨伞礁、一线天、国际灯塔等。2008年，福鼎沙埕铁枝入选第二批国家级非物质文化遗产代表性项目名录。

福鼎太姥山镇

太姥山镇原名秦屿镇，隶属于宁德福鼎，地处福鼎市东南部，背靠太姥山脉，东临东海，东南濒海与大嵛山隔海相望，南接硖门畲族乡，西邻磻溪镇，北靠白琳镇。据明万历《福宁州志》载，秦屿为秦人避乱之所居。2011年更名为太姥山镇。

太姥山风景名胜区位于镇内，三面临海，有"海上仙都"之称，景区总面积100平方千米。景区以花岗岩峰林岩洞为特色，融山、海、川和人文景观为一体，共有360多个景点，著名者有三十六峰、四十五石、二十四洞、十岩、九泉、三溪、二岭、一谷，是人们旅游观光、休闲度假、佛道活动、美食购物、探险猎奇、寻幽访古的好去处。太姥山与雁荡山、武夷山成鼎足之势，是世界地质公园、国家级风景名胜区、国家自然遗产。2013年，太姥山旅游景区被授予国家AAAAA级旅游景区称号。

位于太姥山镇东南方，距太姥山23千米的是牛郎岗海滨。海滨气候冬暖夏凉，素以"碧海金沙好消夏"而吸引各地游客慕名而至。海滨沙滩平坦、明净，环山绿树成荫，周围礁石造型各异，有鸳鸯礁、织女洞、海上一线天等自然景观。

太姥山镇枕山临海，资源丰富，为闽东沿海三大重镇之一。太姥山镇地处晴川海湾，拥有万顷良田，紧依闽东渔场。这里气候温和，终年生机勃勃，自古有"鱼米之乡"的美誉。名优特产有四季香芹、晚熟荔枝等。

在浩瀚的历史长河中，太姥山镇出现了许多民族英雄、仁人志士，如明朝抗倭

太姥山镇

英雄程伯简、抗海寇英雄陈姑娘、清朝抗英民族英雄张朝发（浙江定海总兵）等。宋代理学家朱熹、史志学家郑樵，民族英雄戚继光，国民党爱国将领萨镇冰，闽东革命先驱叶飞、范式人、曾志等都曾在这里活动过，留下了许多动人的故事。

太姥山镇有太姥娘娘文化、畲族文化、渔家文化、穆斯林文化与当地传统文化多元并存。民间传统社戏有闽剧、木偶戏、布袋戏等，台阁、鱼灯、狮灯、老婆船、踏高跷等民俗文化也独具魅力，有省市级历史文化遗产62处，藤牌舞、太姥娘娘传说等非物质文化遗产20多项。文物古迹众多，有唐灵峰古刹、明嘉靖溦城抗倭古堡、南宋朱熹讲学石湖书院、清定海保卫战爱国将领张朝发墓等。

太姥山镇现定位为滨海旅游城镇，以发展旅游业为主，形成太姥山岳、九鲤溪瀑、晴川海滨、溦城古堡、灵峰古刹、牛郎岗海滨浴场、鸟岛等独具特色的旅游风景线。2019年，入选"全国综合实力千强镇"，2020年，入选省级乡村治理示范乡镇名单，被评为2017—2019年度国家卫生乡镇。

平潭石头厝

平潭位于福建省东部海域，与台湾隔海相望，主岛为福建省第一大岛——海坛岛。2016年，国务院正式批复平潭建设国际旅游岛的方案，作为平潭传统民居的石头厝以其独特的地域风貌和良好的旅游前景，成为国际旅游岛的新名片。

"平潭岛，光长石头不长草，风沙满地跑，房子像碉堡"，平潭多产花岗岩石，当地人就地取材，利用岛上的岩石建造碉堡样的房子。成片的石厝、石墙、屋顶上的石砾与石路、石桥、石堤、石磨、石椅、石桌等形成一个个石头村落，这些村落大多近海、傍澳、背山、临田，和谐统一，古朴多姿，风情浓郁，颇有诗画般的"世外桃源"意境。

平潭现有的石头厝，老房子多半建于清末或民国时期。民宅单体模式主要有四扇厝、竹篙厝两种。四扇厝是平潭传统民居最主要的形式，属于福建民居类型中"一明二暗"。从清代中叶至20世纪七八十年代，四扇厝一直是平潭传统民居的主要形式。四扇厝以单进四扇房为主，房内左右两侧为房，分前后房；中为厅堂，也分前厅与后厅，后厅一般用作厨房、杂物间、仓库，或用于放置渔、农生产用具。竹篙厝是平潭建筑又一特色。清代初期，朝廷调闽南水师驻扎平潭，兵营建在竹屿口，采用闽南竹篙厝形式。后来当地居民仿建竹篙厝，从而成为平潭民居的另一种形式。

平潭拥有石头厝的村落甚多，最为有名的村落有：大练乡渔限村石头屋依山势而建，不规则的石头打磨成的墙壁，形成了抽象画般不规则的石头厝的排列，又因远离主岛，其石头厝有种古旧怀幽之感。中楼杨梅坑村的石头厝位于平整的田野之间，春夏之交，四周的花生苗绿油油的，与石头厝的花岗岩石纹理交相映衬，形成一幅对比度极高的水彩画。敖东镇东限洋村房子的层次感很强，早年的古厝窗户都采用弧形建造，楼梯则建在屋子外。依山而建的石头厝，犹如镶嵌在小岛上的一幅幅油画。塘屿南中村屋顶上的红瓦是塘屿的石头屋的一大亮点，上面压着墨黑色的石头，形成黑与红的强烈对比，这样的石头村落成为小岛上的一道风景线。白青乡白胜村的石头厝的特点是保存十分完整，因为依山傍海，层次分明，是摄影家眼中最为理想的聚焦之地。东庠石头厝有一个明显的特征，就是波浪形的屋顶，上面镶着光滑润泽的鹅卵石。这波浪形状的鹅卵石压在上面，平潭话谐音意为"压浪"，就是"压住风浪"之意。此外，还有北厝西壁、东壁村、君山后村、流水镇山门前村等村落的石头厝都别具一格。

多彩的苍穹下，蔚蓝的海湾边，蜿蜒的梯田旁，绿树、白石、红瓦、马鞍墙……浓艳的色彩，优美的曲线，勾勒出一个个恬静宜人的传统渔村。"面朝大海，春暖花开"，平潭石头厝是中国最美的海岛民居之一。

八、沿海的美食特产

"民以食为天"，吃永远是中国人的执着爱好。而提到中国最会吃、最懂得吃的省份，福建定当榜上有名，福建沿海一带更是以吃闻名于世。福建沿海秀水盘桓，奇峰罗列，不仅靠海吃海，还靠山吃山，美味佳肴尤多。人们以山中土产品、河海鲜味加之柴米油盐酱醋茶，烹饪出了一道道美味佳肴。其菜肴以烹制山珍海味而著称，在色香味形俱佳的基础上，尤以"香""味"见长，其清鲜、和醇、荤香、不腻的风格特色，以及汤路广泛的特点，在烹坛园地中独具一席。

闽中风物新，天与珍奇多。福建沿海一带物种丰富、物产丰饶。福建"六大名果"（芦柑、荔枝、香蕉、龙眼、柚子、菠萝），"三大名花"（水仙花、茶花、兰花），以及对虾、石斑鱼、鲍鱼、龙虾、扇贝等海珍品，基本都产于沿海一带。因此，福建沿海的土特名产众多，花果、茶叶向来有名，工艺品独树一帜，珍奇物品畅销海内外。

人间烟火气，最抚凡人心。垂涎欲滴的美食在满足味蕾的同时，也是情感的载体，一盘盘菜、一碗碗饭，饱含着感人的亲情，浓浓的乡情。岁月藏温情，成人忆童年，乡土美食很容易唤醒天真无邪、青葱懵懂的往日时光，以及时光里老去的外婆、祖母、祖父、外祖父、父亲、母亲等。池鱼思故渊，游子思故乡，食物入口沁人心脾，也引发在外游子的幽幽乡思。而且，美食也是文化的载体，食物中隐含的那些美丽的传说、鲜为人知的故事，无一不在讲述着本地的历史与传统。福建沿海一带历史悠久，习俗独特，文化传承较好，因而其美食特产风味自是不同，美食隐含的历史文化、本土文化、乡情亲情也独树一帜。值得注意的是，福建沿海地区靠海而居，人们出洋谋生，不仅远离亲人与故土，还远离祖国，其美食特产蕴藏着更深的情感与文化内涵，激发起深沉的祖国之情、爱国之意。

（一）舌尖上的闽东南：风味美食

1. 福州佳肴

佛跳墙

佛跳墙为福州传统名菜，居闽菜之冠，为福州聚春园菜馆厨师郑春发所创，已有110多年的历史。"坛启荤香飘四邻，佛闻弃禅跳墙来"，故名"佛跳墙"。该菜用料考究，刀法精致，烹制程序严格。精选鱼翅、海参、鸡脯、鸭肉、猪蹄筋、羊肘、干贝、鲍鱼、鸽蛋等18种主要原料（称为十八罗汉），经过分别处理，配以香菇、冬笋、香葱、姜片、冰糖、茴香、桂皮、料酒等10多种佐料，放

佛跳墙

进盛过绍兴酒的酒坛中，坛口用纸密封，再用盖子盖紧，用旺火烧沸后，改用文火慢煨。由于几十种原料、配料煨在一起，既有共同的荤味，又保持原料各自的特色。造型美观，香味浓郁，嫩软鲜美，荤而不腻，又具有补气养血、温肺润肠、治虚寒等功效。2002年"佛跳墙"在第十二届全国厨艺节中获中华名宴，2022年入选国家《地标美食名录》。2008年，聚春园佛跳墙制作技艺入选第二批国家级非物质文化遗产代表性项目名录。

鸡汤氽海蚌

鸡汤氽海蚌是福州名贵菜肴，也叫"鸡汤直透海蚌"。以福州沿海特产的鲜活海蚌肉为主要原料，切成薄片，放进沸水中白灼至六七成熟，盛在碗里，冲入滚沸的，用老母鸡、白酱油、赤瘦猪肉等炖成的高汤，稍等一两分钟即可食用。

鸡汤氽海蚌

该菜洁白透明，鲜嫩爽口，还有滋阴化痰的功效。海蚌只生长在淡咸水交汇处，以长乐漳港产的最佳，世界上只有意大利产的象拔蚌可与比美。海蚌肉除了氽鸡汤外，还可做成芙蓉海蚌、生炒海蚌、糟汁海蚌、发菜海蚌、椒盐海蚌、粟米煨海蚌、芽心跳溜蚌等20多种菜肴。

燕皮和太平燕

燕皮是福州风味小吃，制作考究，历史悠久。将精猪肉用木棒捶成肉泥，放入上等甘薯粉，制成如纸一样的薄皮，就是燕皮，又叫"肉燕皮"。以肉燕皮为主料的菜肴很受欢迎。如用2寸见方的肉燕皮，将猪肉、鱼肉、虾干制成的馅料，包成长春花蕊形，放在蒸笼中用旺火蒸5分钟取出吹干，用鸡汤加上调味品随吃随煮，就是"小长春"；把肉燕皮切成细丝，将猪肉、鱼肉和虾干制成的馅料，一团一团放在燕丝上打滚，使燕丝粘在肉馅上，就叫"肉燕丸"；用鸭蛋和肉燕

太平燕

丸一起制成的"太平燕"，质嫩味鲜，鲜美爽口，别有风味，是福州传统的喜庆菜点。之所以叫"太平燕"，是因为"太平"是鸭蛋的雅称，燕子春暖花开时凯旋，"太平燕"象征着安定、太平、吉祥如意。

鱼丸

鱼丸是福州传统风味小吃，以鳗鱼、鲨鱼、鲀鱼等为主原料制作而成。制作程序是：将鱼肉剔下，剁成肉泥，放入小盆里，加入蛋清搅打；再加入干淀粉搅打成细细的肉泥；五花肉剁碎，加入香葱碎、盐、油调和成馅料；摊开肉泥，中间放馅料，用手将鱼肉泥团拢起，在拇指与食指中间挤出一个光滑完整的鱼丸，用小匙舀起，放入水盆里；锅里煮清水，开锅后放入鱼丸，滴几滴虾油，再次煮沸即可。好的鱼丸口感好，筋力佳，久煮不变质，色泽洁白晶亮，质嫩滑润清脆，富有弹性，味道鲜美，具有特殊的海鲜风味，是天然、营养、保健的美食。

福州鱼丸

荔枝肉

荔枝肉是福州、莆田等地的一道特色传统名菜，属于闽菜系。该菜品已有二三百年历史，因烹调后外形似荔枝而得名。制法第一步是切，将猪瘦肉洗净切成片，剞上十字刀花后切成均匀的斜形块；荸荠切厚片，一并和肉块用红曲粉、湿淀粉抓匀；葱白切寸段，蒜头切米。第二步是炸，旺火烧炒锅，下猪油烧到八成热时，把肉片、荸荠下锅翻炸两分钟，待肉片出现荔枝形状时，倒入漏勺沥去油。第三步是翻炒，蒜米下油锅旺火煸炒，再下葱段、白糖、湿淀粉调稀等勾芡，倒进荔枝肉、荸荠，加入猪油，翻炒几下即成。荔枝肉色泽鲜红，质地脆嫩，酥香味佳，酸甜可口。

荔枝肉

八宝红蟳饭

八宝红蟳饭是一道福建的特色传统名点，系福州市传统佳肴，属于闽菜系。以红蟳（青蟹）为主辅与鸭肉、鸭肫等八种原料与糯米一起蒸熟而得名。做法是：糯米洗净泡水30分钟后，沥干上笼屉蒸熟；火腿等八种辅料均蒸熟切成丁；红蟳洗净，除去蟳鳃，脐切成片；将切好的八种辅料和糯米饭调和在一起拌匀，装在碗里，上面排上切好的红蟳片，加葱白、姜片上旺火笼屉蒸20分钟，取出拣去葱白和姜片；锅置旺火上，入上汤烧沸，加干贝汁、白酱油、料酒、味精、胡椒粉调味后，淋于八宝饭上即成。这道菜咸鲜味美，软糯香醇，独具风味，具有治疗营养不良、调理、健脾开胃、清热去火的功效。

八宝红蟳饭

2. 厦门小吃

厦门肉粽

闽南肉粽风味独特，厦门烧肉粽历史悠久，历史上较有名气的有设在开元路"泉三"烧肉粽，坐落于赖厝埕的"好清香"烧肉粽，中山路上的朱氏烧肉粽也是厦门最具特色的小吃店之一。厦门肉粽以糯米、猪肉、香菇、虾米、栗子为原料，经过精细加工，用竹叶包成菱形，待水烧开后放入煮熟。吃时趁热，以沙茶酱、蒜蓉等为佐料，入口不腻，清香可口。好的肉粽选料精，做工细，掌握火候，还要配好蘸料，趁热吃。厦门烧肉粽具有色泽鲜亮、香甜嫩滑、油润不腻、精工细作等特点。许多海外归侨、港澳同胞回到厦门游览观光、探亲访友，无不想品尝烧肉粽。

厦门肉粽

蚝仔煎

蚝仔煎是闽南传统大众小吃，已有60多年的历史。冬至以后，随着牡蛎（闽南称蚝仔）盛产季节的到来，"蚝仔煎"的味道飘满大街小巷。

海蛎煎

提起蚝仔煎，民间有"土地婆，不吃蚝"的传说。据说，土地公愿世上人人一样富。土地婆生气地说："世界上人人一样富裕，咱们闺女出嫁，就没有人给抬轿子啦，要让富的富顶天，穷的无寸地。"人们恨透土地婆，听说土地婆不爱吃蚝肉，偏在她诞辰时用蚝肉和番薯粉制成"蚝仔兜"供她，表示报复。从食谱发展看，"蚝仔兜"就是"蚝仔煎"的前身。蚝仔煎以海蛎中的上品珠蚝为主要原料，与鸡蛋、地瓜粉和切碎的大葱调匀，用适量的猪油在锅里煎至两面酥黄。吃时以蒜蓉、芫荽、沙茶酱等为佐料，柔腻芳香，美味可口，营养丰富。

沙茶面

沙茶面是厦门的一道传统小吃。沙茶面源自华侨带回的东南亚菜系，主要原材料是沙茶酱和高汤。制作步骤是：鸡蛋煎好后，将碱水油面放入沸水中大火氽5分钟，取出控水备用；锅内放入沸水，烧开后放入洗净切好的绿豆芽、韭菜段大火氽1分钟、半分钟，捞出过凉；猪大肠洗净，放入锅中加盐、料酒大火煮30分钟，捞出切成段；锅内放入沙茶酱、高汤大火烧开，放入盐、鸡粉调味后下炸豆腐片、猪大肠、虾仁、绿豆芽、韭菜段大火烧开，出锅浇于碱水油面上即可。沙茶面汤色红亮，口味咸鲜香辣，微甜，营养搭配合理。

厦门沙茶面

南普陀素菜

南普陀素菜是厦门南普陀寺素斋馆烹饪的素菜，由佛教道场的供品演变而来。原来是十二道菜，十二种风味，现已发展到高、中、低档近百个花色品种。虽然都以植物油、面类、豆类、蔬菜、蘑菇、香菇、木耳、金针以及荔枝、龙眼、菠萝等水果罐头为原料，但味道不同，形态各异。既讲究色、香、味，又讲究形、神、境，色彩悦目，清雅鲜美，造型生动，器皿协调。菜名也充满诗情画意，如"彩花迎宾""五老如意""半月沉江""南海金莲""香泥藏珍"等。与其他地方的素菜最大的不同是，不仅用料，而且连造型、菜名、汤汁都与荤字不沾边，素菜素作，素菜素名。

南普陀素菜

鼓浪屿馅饼

馅饼是厦门拥有百年以上历史的传统食品。鼓浪屿馅饼是正宗中华百年老字号，厦门特产。鼓浪屿馅饼原料为优质面粉、二层猪油和上等绿豆。做饼馅的绿豆要蒸熟去壳，研磨精细，饼皮和饼酥下足油量，揉得恰到好处。烘制时，注意掌握火候，做到内熟外赤不走油。鼓浪屿馅饼是上好的佐茶点心，饼皮香酥油润，饼馅冰凉清甜，外观小巧玲珑，色泽金黄，令人冰凉爽喉，食而不腻。馅饼中的绿豆清凉解毒，营养丰富，老少皆宜。2001年，鼓浪屿馅饼获"中华老字号"称号，驰名国内外。

同安封肉

同安封肉是厦门的传统特色名菜，有着非常悠久的历史，传闻起源于五代后梁时期，是为纪念王审知被敕封为"闽王"而创制的食品。当时王审知被封为"闽王"，授其方形大印，同安的官员用形似封王大印的四方形封肉来为其庆祝，此后便流传下来。制法是：取猪的腿肉为原料，将猪肉切成四四方方大块，

同安封肉

涂上酱油，配上香菇、虾仁、板栗、味精、盐等佐料，用纱布包裹（早先封肉所用纱布为黄巾，用白纱布浸煮北辰山所产黄栀子叶而成），形如大印，放进高压锅里或蒸笼蒸熟即成。最后所制作出来的同安封肉色泽深红，味道芳香、鲜美、熟烂，油而不腻，老少咸宜。

3. 漳州美味

炸五香（五香卷）

炸五香是漳州名点。制作步骤为：将半肥半瘦的猪肉切成肉条，放入炒拌好的虾皮葱末，加入适量的五香粉、番薯粉和佐料搅匀；将拌好的肉条放在豆腐皮上，卷成圆条状，用湿团粉粘牢；将肉条卷放入油锅炸，浮上来即熟。炸五香外观色泽赤褐色，外酥内润，馅润滑甜美，肉卷内略含汤汁，鲜美可口。热食味道尤佳，鲜香酥脆，佐酒甚宜。

五香卷

猫仔粥

猫仔粥是漳州诏安一带的有名风味小吃，漳州八大名点之一。关于猫仔粥的来历，有一个唯美的爱情故事。相传清代时，诏安有户官宦人家，祖母持家严谨，新媳妇过门三日即下厨房料理全家食膳，自己却只能吃残羹剩饭。丈夫于心不忍，想出一个妙计。他买来几只猫子来饲养，每天饭后总借口"猫仔粥"，到厨房用鱼、虾、肉等菜肴，快速地为媳妇做好新鲜可口的饭食，祖母发现也能巧妙辩解通过。猫仔粥制作快速简单，味道鲜美可口，由此传遍大街小巷。猫仔粥既是粥品，又是菜肴。它的主原料是上乘纯白糯米，再辅以鲜虾、鲜鱿鱼、肉片、胡椒粉、猪骨汤等二三十种配料。猫仔粥通常是现煮现吃，先在小锅上放上烧沸猪骨汤，再放上预先蒸熟的白米饭，配上鱿鱼干、虾仁、香菇、肉片等生料，一阵猛火过后，调上胡椒粉、香菜，就煮成香喷喷的猫仔粥。刚煮好的猫仔粥米粒韧嫩，汤清味美，令人回味无穷。

猫仔粥

漳州手抓面

手抓面为漳州一带传统小吃，漳州话称为豆干面份。先将碱面条煮熟捞出，摆成手掌大小的圆形薄片，称作"面份"；取一片面份均匀地抹上甜面酱、花生酱、芥辣酱、蒜醋酱，再放上油炸五香卷或炸豆干，之后把面份卷起来用手抓着吃。其特点是甜、酸、香、辣味俱全，味道精美，油而不腻。从吃法到口味都别具风味，是漳州夏令佳点。

手抓面（蔡文原　摄）

文武肉

文武肉为漳州名菜，因菜有黄白两色而得名。制作过程为：将猪肉切成1分半厚、6分平方大的肉片，分为两半，其中一半，加以酱油、味精、白糖、2个鸭蛋黄、适量面粉、食用黄色素拌匀，投入油锅炸约3分钟，至金黄色捞起，滤去油汁；另一半肉片用白酱油、味精、白糖、蛋清、绿豆粉拌匀，投入沸水中约3分钟尕熟；将两种肉片分摆在一个盘中，用香菇、笋丝、葱头丝在油锅中炒熟，加入味精团粉勾芡后倒入盘中。此菜一半黄一半白，鲜明美观，酥香清甜。

4. 泉州名点

姜母鸭

姜母鸭起源于福建泉州，流行于闽南地区，而后传至台湾乃至海外，是福建一道地方传统名菜。传闻姜母鸭原系一道宫廷御膳，为商代名医吴仲所创，后来流传至民间，遂成为一道名菜。主要材料为鸭肉和生姜，先将鸭子洗净切成大块放入压力锅中，加入姜和葱，放入半锅水，煮开后5分钟关火；鸭肉捞出出水，锅中倒入黑麻油和姜片，小火煸至姜片周围微焦；倒入鸭肉，翻炒至鸭皮变金黄色，倒入料酒和开水淹没鸭肉煮8分钟，加入生抽、老抽、八角、桂皮、香叶等，盖上高压锅锅盖；大火煮开后转小火，煮20分钟，稍稍收干水分即可。姜母鸭妙

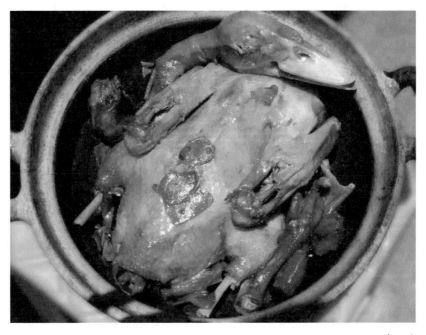

姜母鸭

在除腥热身、气血双补的同时，搭配鸭肉的滋阴降火功效，使得此道药膳滋而不腻，温而不燥。

面线糊

面线糊为闽南传统小吃，发源于泉州，而后传至闽南其他地区。面线糊呈糊状，由细面线、番薯粉等制作而成。制作程序是：将水煮开，放入番薯粉和面线，放入虾、蛏、牡蛎、淡菜等味美质鲜的海产品，一起熬汤至面线煮成糊。煮时掌握火候，做到糊而不烂，糊而不乱。除以海鲜作配料外，还可加鸭血或猪血，或切一些猪大肠放入面线糊中煮炖，使油脂融入其中，再配上油条、炸葱花、胡椒末等作为调味，味道更为浓烈。面线糊烹饪简单，食用方便，一般可作早餐，就着油条、马蹄酥吃十分可口。

泉州面线糊

洪濑鸡爪

洪濑鸡爪是闽南地区的传统风味小吃，产于泉州南安市洪濑镇，因洪濑镇卤味鸡爪而出名，所以简称为"洪濑鸡爪"。正宗"洪濑鸡

洪濑鸡爪

爪"有五大品牌，分别是：贻庆、红毛、黑果、联统、绝卤。洪濑鸡爪在选材上采用健康白嫩、肉质新鲜的鸡爪，去除含有黑茧子的不良鸡爪，卤汁采用十多种名贵天然中草药材精心熬制而成，把传统工艺与现代科学技术结合在一起，从而做成质地饱满、色泽金黄、香味浓郁的洪濑鸡爪。洪濑鸡爪色泽跟香味上就已让人垂涎三尺，吃起来口感更是滑韧、Q弹有嚼劲，醇香入骨。

闽南土笋冻

土笋冻是闽南特色风味小吃。土笋又名涂笋，是一种生长在海滩泥沙中的状如蚯蚓的环节动物星虫。土笋冻由土笋熬制而成，传闻是由郑成功所发明。历史上最出名的要数晋江安海的土笋冻，产量甚多，味道甚鲜。土笋冻的做法是：沙子里逮出的土笋先放养一天以吐清杂物；再铺在石板上碾压破肚，洗去肚里残余的泥浆杂质；然后加水在锅里猛火旺烧，熬得一锅黏黏糊糊；经过泡、压、煮三道工序，最后舀起倒入模具碗中，待其冷却之后，就凝固成"土笋冻"了。其

土笋冻

色泽灰白，晶莹透明，鲜嫩清脆，质地柔糯，富有弹性。配上好酱油、醋、甜酱、海蜇、番茄片等，色香味更佳。闽南人爱吃土笋冻，有一首闽南语歌曲——《哇，土笋冻》专门歌咏土笋冻："土笋冻呀土笋冻，最最好吃真正港（正宗），天脚（底）下，笼（全）都真稀罕，独独咱家乡出这项。"

泉州咸饭

咸饭是产生于泉州、流行于闽南地区的特色主食，曾在《舌尖上的中国》亮过相。咸饭是闽南人从小吃到大的家常食物，也是先民为节约时间，而创造出的饭菜合一的小吃。咸饭有南瓜咸饭、萝卜咸饭、芥菜咸饭、芋头咸饭、五花肉丁咸饭等，种类繁多，配料丰富。不过必不可少的食材有干发香菇、胡萝卜，其他的食材则选用时令蔬菜。做法是：三层肉切小条入锅炒出油，至金黄色；下入香菇丝、小虾米、海蛎干、巴拉鱼，翻炒均匀至出香味；炒香后连同胡萝卜丝一起加入浸泡好的大米中，搅拌均匀开始煮；煮熟以后淋红葱油，并翻炒均匀，再撒上花生米与香葱末，装盘即可食用。咸饭是饭而不是粥，不会像炒饭一样容易

萝卜饭（石狮市文化体育和旅游局　供）

上火，反而非常适合夏天火气大的时候吃。咸饭色泽鲜艳，味道鲜美，又制作简便，是不错的家常食物。

安海捆蹄

安海捆蹄是泉州安海著名小吃。安海肉馅捆蹄制作工序十分复杂，选用带蹄的猪前脚，剔除上膝骨肉，剥下猪脚皮，剔除下膝骨肉，刮净油脂，接着钻孔缝合，使之呈空腹圆棒状，这是最有难度的一步；之后将肉块及猪皮和调料放置陶罐中腌制数小时，将腌制过的馅料装入筒状的猪脚；用纱布将猪脚按原形裹密，再取同样四条竹板夹住四周，然后用麻绳扎紧，即成捆蹄生坯；最后放置锅内煮大概一个小时，取出后把布解开，冷却后就成品了。食用时将缝线抽出，然后用刀切成薄片，其肉馅拘成各种花纹图案，置于餐盘中甚为美观，其味道香醇，不油腻，常与"土笋冻"一起作为拼盘小菜。捆蹄营养丰富，有滋润皮肤、延缓衰老、促进生长发育、减缓骨质流失等功效。

安海捆蹄

5. 莆田风味

莆田卤面

卤面是莆田的一道传统美食。卤面是莆田酒宴上必不可少的一道主菜，莆田因此有"卤面之城"的美誉。莆田卤面又以江口卤面最为出名，一般用于接待重要来宾。莆田卤面的关键在于面筋、熬高汤和配料。面筋的面条要用不同面粉按比例加工，要有韧性，下锅后不易糊掉；熬高汤挑选猪骨头里最好的骨段，熬出来的高汤要又白又香，每份高汤兑水要注意，稠了稀了均不行；配料上瘦肉、香菇、虾干、干贝、牡蛎、蛏、韭菜是必备的，正宗的莆田卤面还会加上红菇；最后就是火功了，卤面是在文火中慢慢炖出来的，让高汤和配料的味道渗透到面条里面。卤面也讲究吃面的时间，一般来说，面出锅3至5分钟就要开吃了，否则面就糊了，口感就不好了。

江口卤面

炝肉

炝肉是莆田民间特有的一道特色传统名肴，在莆田的街边巷尾十分常见。炝肉肉质细腻，味道鲜美，制作原料主要有猪里脊肉等。制作炝肉首先要选好肉料，最好选用质地柔嫩的猪里脊肉，切成均匀的肉片；把肉片放入拌有盐、糖、味精、酱油的盘中腌制，待入味后取出；把肉片均匀地沾糊上好的地瓜粉，然后倒入滚沸的汤水里。掌握火候，入锅15分钟即可。芥蓝菜叶是用高汤氽过，切细加进去，菜色鲜生青翠。炝肉肉质细腻，味道鲜美，可补肾养血、滋阴润燥，受到人们的普遍喜爱。

炝肉

焖豆腐

焖豆腐通常作为莆田喜宴的头道菜，是莆田特色菜之一。焖豆腐用料较简单，只需卤水豆腐、五花肉、干贝、蛏干、虾干、海蛎、胡萝卜、香

焖豆腐

菇、大白菜、葱、姜、蒜、花生碎、盐、鸡蛋等。做法家常，先将胡萝卜、大白菜、干贝等配料切细，卤水豆腐用勺子压碎，五花肉剁成肉末；在锅中烧入热油，先加入葱、姜、蒜炒香，再加入肉末煸炒熟后加入香菇、干贝等翻炒均匀，再加入胡萝卜丁和大白菜翻炒均匀，加入盐、豆腐；加入泡香菇、干贝等的水，再加入适量的水炖20分钟；汤汁炖浓之后，加入鸡蛋花，盖上锅盖焖熟；撒上葱花即可出锅，出锅后撒上花生碎即可。焖豆腐颜色鲜艳，味道鲜美，营养丰富，是一道上好的家常菜。

滴露鸭

滴露鸭是莆田的一道滋补名肴。它选用山上散养的老鸭，将鸭肉清洗干净后切块，放入盐、姜片和葱段，用手揉搓按摩均匀之后盖上保鲜膜腌制一个多小时；将腌制好的鸭肉码入容器中，或者蒸笼里；摆好后上锅蒸，蒸一个半小时后

滴露鸭（吴国清　摄）

即可开锅。制作的过程中不加一滴水，里边放入生抽、老抽、红菇、姜片、蒜瓣等配料，小火熬出鸭露，滴滴都是精华，鸭肉吃着嫩而不柴，汤汁鲜美至极，细腻清香。

兴化炒米粉

炒米粉属于莆田的特色名点。兴化炒米粉味道鲜美，制作简单。先把鸡蛋放入油锅，翻炒后出锅备用；放五花肉下油锅翻炒至炸出油；依次加葱头、胡萝卜、青椒、蘑菇和白菜梗，进行翻炒；加入小虾米，加入白菜叶子，继续翻炒；加入浸泡好沥干了的兴化粉，进行翻炒；加入少许生抽和料酒，翻炒几分钟；加入尖椒翻炒；加入之前炒好的鸡蛋碎；加入少许盐和鸡精调味，翻炒几下即可出锅。炒好后粉丝呈微黄色，细如丝线，富有韧性，很快就能煮熟，好入味，携带方便，深受海内外人士的喜爱。

兴化炒米粉

6. 宁德美食

福鼎肉片

福鼎肉片是宁德福鼎市一种很有名的地方传统名小吃，由精肉、淀粉等原料制成。正宗的福鼎肉片取料精，工艺巧，味独特。第一步取肉，把新鲜精肉切成条并剁成肉酱，加入葱、盐等调料；第二步搓肉，用力搓肉酱大约十分钟，放入小苏打和少许的水，继续搓，直到肉酱黏糊糊的方可；第三步混合，在搓好的肉里放入一定比例的淀粉，继续搓，直到淀粉和肉完全混合为止。肉片制作的整个过程一般都是手工操作。煮肉片时，先把水烧开，再放入揪成一小块一小块的肉片，加盖两三分钟，肉片全部浮起来时加入调味料即可。煮好的肉片粉嫩可人，色香味俱全。

福鼎肉片

宁德肉丸

宁德肉丸是宁德最出名的特色小吃之一。由地瓜粉揉芋泥作外壳皮，外表看起来晶莹剔透，以鲜肉、豆腐干、葱花、酱油、味精等作馅。皮馅做成肉丸，煎熟即成，醇香可口。宁德肉丸中又以福鼎牛肉丸、柘荣牛肉丸、蕉城鱼丸、蕉城芋头肉丸子最具代表性。其中，柘荣牛肉丸味道既酸且辣，喝过汤，再吃牛肉丸，既脆又滑，韧中有柔，令人回味无穷。而福鼎牛肉丸是选用精细瘦牛肉、地瓜粉、味精等制作而成，制作出来的牛肉丸嚼劲十足，配上清香味浓的酸辣牛肉汤，令人食欲大增，吃完口留余香。肉丸，宁德音为"肉圆"，取"团圆""圆满"的寓意。"圆"又谐音"缘"，尤其适合喜宴，如以鱼、肉两圆混合上席，更有成双、有余的吉兆。

宁德肉丸

畲族乌米饭

乌米饭是宁德福安畲族特色食品。乌米饭制作历史悠久，据说唐朝以来便是畲族"三月三"过节的传统食品。乌米饭做法简单，用乌稔的叶子经过20分钟反复捶打，加水成汤，然后用这汤将糯米浸泡半天，米捞起来以后放在容器里蒸熟而成。另外，可以再搭配红枣、冬瓜糖等配料，也可以和山间野味、香菇、木耳等一起炒。因为由来自乌稔树的绿色树叶泡制而成，所以乌米饭的色香味俱全，具有开脾健胃、驱湿膳疗等功效，是男女老幼四季皆宜的绿色食品。20世纪末经宁德市畲族乌米饭加工坊开发，现已成为福建九地市和浙南等地设宴的佳肴，分别有红蟳乌米饭、竹桶乌米饭、太极乌米饭、荷叶乌米饭、菠萝乌米饭、草包乌米饭、乌米卷、八宝乌米饭（甜、咸）等品种。

畲家乌米饭

芋蒸螃蟹

芋蒸螃蟹是宁德的一道特色美食。螃蟹用的是青蟹，也叫蟳，把青蟹和福鼎槟榔芋结合蒸制而成。简单做法：芋头切成条摆好，撒上盐，蟹切好摆在芋头上，放入葱姜去腥；起锅烧水，水开后放入摆好的芋头蟹，盖上盖子，大火蒸六分钟；关火取出，去掉葱姜；起锅，放入清汤、盐、鸡精、胡椒粉、水淀粉、红葱油等，撒上葱花即可。蟹的鲜美滋味在蒸的过程间丝丝渗透入槟榔芋间，炸过的槟榔芋外酥里嫩，带着芋香与蟹的清甜，青蟹入口肉质鲜嫩多汁，清香美味。

芋蒸螃蟹

（二）天与奇珍多：土特名产

1. 工艺品

福州脱胎漆器

福州脱胎漆器发源于明代的雕漆。清乾隆年间（1736—1795），由制漆艺人沈绍安（1767—1835）始创，是脱胎技艺与髹漆艺术相结合的产物。其质地轻巧坚牢，造型古朴典雅，色彩鲜艳明亮，纹理清晰秀丽。清宣统二年（1910年）以来，福州脱胎漆器参加美国圣路易斯博览会、意大利觉兰多博览会、德国柏林卫生展览会、英国伦敦博览会和在美国芝加哥、日本东京以及菲律宾、比利时、巴拿马等地举行的国际博览会，多次荣获特等金牌奖、头等金牌奖和最优奖等多种荣誉。

福州脱胎漆器制作方法分为脱胎和木胎两种，脱胎是以泥土、石膏、木模等为胚胎，

沈正镐脱胎漆提篮女立像（福建博物院藏）

用夏布或绸布和生漆逐层裱褙在胚胎上，待阴干后，敲碎或脱下原胎，留下漆布器形，上灰地、打磨、髹漆研磨，施以各种装饰纹样。木胎主要是用楠木、樟木、榉木等坚硬木材为坯，直接涂髹，工序与脱胎布胚相同。

漆器每件工艺品前后须经数十道甚至上百道工序。其装饰技法有黑推光、色推光、锦纹、薄色料、晕金漆画、仿古铜、嵌螺、嵌银上彩等10多种，后来又发展了宝石闪光、堆漆浮雕、仿彩窑变、仿青铜、仿唐三彩和匏纹技法暗花等工艺，并同玉雕、石雕、牙雕、木雕、角雕等结合起来，使表面装饰更加丰富多彩。磨漆画则是新发展的漆艺种类，平滑光亮，立体感强，瑰丽神奇，韵味无穷。

脱胎漆器产品大致分为实用和欣赏两大类，包括大花瓶、大屏风、各种磨漆画以及茶具、咖啡具、文具、餐具、家具等300多个规格的3000多个品种。除轻巧、美观、耐用外，还有耐热、耐酸、耐碱、绝缘的优点。产品远销几十个国家和地区。2006年，福州脱胎漆器髹饰技艺入选第一批国家级非物质文化遗产代表性项目名录。

寿山石雕

寿山石雕是以福州北郊40千米的寿山村出产的叶蜡石为原料，经过精雕细刻而成的工艺品。寿山石温润莹澈，斑斓多彩，柔韧易攻，分为田石、水坑、山坑等三大类120多个品种。田石极为稀少，石质最佳，按颜色分为田黄、田白、田黑、田红等4种，其中的田黄石温润通灵，最为罕见，人称"石中之王"，价逾黄金。水坑石多透明状结晶体，滋润雅洁，明泽如脂，主要品种有坑头冻、水晶冻、桃花冻、天蓝冻、鱼脑冻、玛瑙冻等。山坑石埋存在岩层夹缝中，往往一块料中含有红、黄、青、赭等多种颜色，瑰丽多彩，较出色者有白芙蓉、都灵坑、太极头和高山等。

早在南朝宋元嘉二十二年（445年）以前，寿山石就被开采雕刻。唐代时，当地僧人把寿山石琢磨成念珠、钵盂，作为馈赠礼品。宋代，寿山石被刻成石俑，用作殉葬，风行一时。明代，出现寿山石章印钮雕刻。清代，寿山石雕名家辈出，如杨玉璇、周尚均等，流派纷纭。现代"薄意"雕刻大师林清卿的作品就可与同时代的吴昌硕媲美。

现代寿山石雕，继承传统技艺又有创新，其工艺分为圆雕、浮雕、镂雕、薄意和印钮五大类，既有花果、人物、动物、山水风景等艺术品，又有印章、文具、烟具、花瓶等实用品，花色不下千余种。作品明快生动、质朴大方，富有装饰性，其中陈敬祥的《求偶鸡》、冯久和的《花果累累》、周宝庭的《古兽》和林寿煃、林元康、林廷良、郭功森、施宝霖、林发述等6人的《长征组雕》等，都有很高的声誉。寿山石雕行销日本、东南亚、欧美等几十个国家和香港地区。2006年，寿山石雕入选第一批国家级非物质文化遗产代表性项目名录。

周宝庭刻寿山石狮钮章

厦门漆线雕

厦门漆线雕是历史悠久的特种工艺品，自唐代绘塑兴盛以来，就被应用于佛像装饰。漆线雕是用精细的、染成各种颜色的漆线，以特殊的制作方法缠绕出各种金碧辉煌的作品，其中大多是龙凤、麒麟、云水、缠枝莲等民间传统题材。作品线条疏密有致，精巧细腻，色彩缤纷。过去漆线雕大都装饰在木本、漆篮和戏剧道具上，现在已能装饰在瓷器、玻璃上。2006年，厦门漆线雕技艺入选第一批国家级非物质文化遗产代表性项目名录。

厦门漆线雕

厦门珠绣

厦门珠绣具有独特的装饰手法和艺术风格，以新颖别致、富丽堂皇、光彩夺目见称，已有100多年的历史。厦门的珠绣产品主要有拖鞋、挂图、挎包等，这些产品均采用闪亮夺目、五彩缤纷的玻璃珠和电光胶片，运用凸绣、平绣、串绣、粒绣、乱针绣、竖针绣、叠片绣等传统的工艺手法，绣制出浅浮雕式图案。全珠图案构图严谨，密不容针；半针图案优雅秀美，清新悦目。2021年，厦门珠绣入选第五批国家级非物质文化遗产代表性项目名录。

厦门珠绣

漳州棉花画

漳州棉花画由黄家声于1964年首创。以脱脂白棉、树胶、金丝绒等为材料，吸取了浮雕、彩塑、彩扎技艺，技法细腻，造型逼真，立体感强，并继承了国画传统，构图新颖，富有诗情画意。棉花画分小品、条幅、中堂等，有普通棉花画、二层棉花画、金丝棉花画、闪光画、玉翠画、锯字画、全立体电子声棉花画等七大类50多个品种，多以山水、花鸟、动物为题材，画面有的素洁淡雅，有的气势磅礴。产品远销美国、德国、比利时、突尼斯、新加坡等国以及港澳等地区。

漳州棉花画《丹凤朝阳》（漳州市二轻联社　供）

泉州木偶头

　　泉州木偶头宋元时期就开始出现，分为两类，一是3寸左右长的提线木偶头，一是约1寸长的掌中木偶头，以后者为主。先将樟木锯成木坯，画出面部中线，斜

泉州木偶头

311

削两颊，定出五官，雕成各种人物形象的白坯（活动的嘴和眼同时安上）；接着裱褙棉纸，磨光，补隙修光；然后彩绘面谱，盖蜡；最后上发髻、胡须等。作品小巧玲珑，形象逼真，刻工精致，性格突出。其正面人物必龙眉凤眼，其青年男女必两颊丰腴，具有鲜明的宋画风格。泉州传统的木偶头像只有36种，木偶头像大师江加走参考梨园戏、高甲戏及京剧等剧种的演员形象，先后研制了不同类型的木偶头像达280多种。2006年，木偶戏（泉州提线木偶戏）入选第一批国家级非物质文化遗产代表性项目名录；2008年，泉州木偶头雕刻（江加走木偶头雕刻）入选第二批国家级非物质文化遗产代表性项目名录。

惠安石雕

据传惠安当地的石雕技艺是五代十国时从中原传入的。石雕材料有青石、花岗石等。青石以惠安黄塘玉昌湖所产为佳，石质坚实，色泽稳重，经水磨后光洁如镜，不长滑苔；花岗石以南安石砻和泉州的白梨石为上品，水磨后光洁明亮，

惠安石雕

不易风化。

惠安石雕作品分圆雕、浮雕、影雕和碑石等四大类，近200个品种，畅销海内外。1970年创新的青石影雕，运用轻重、深浅、粗细不同的雕刻手法，以钢针磨琢出疏密不同的微点，可以在青石板上逼真地再现人像等。北京颐和园、20世纪50年代的十大建筑、70年代的毛主席纪念堂及南京中山陵、广州黄花岗、井冈山纪念碑、台北龙山寺、新加坡妈祖庙等都留下了惠安石匠的杰作。2006年，惠安石雕入选第一批国家级非物质文化遗产代表性项目名录。

德化瓷塑

德化瓷塑釉如凝脂，晶莹润泽，造型古朴雅淡，生动逼真，有耐高温、不畏寒的特点。

德化曾与江西景德镇、湖南醴陵并称为"中国三大古瓷都"。宋元时期的青白（影青）瓷、白瓷，明清时期的象牙瓷、青花瓷，在国际上已享有盛誉。特别

德化"蕴玉"陶瓷艺术品

是明代的象牙白，通体透明，色呈乳黄，质如润玉，宛如象牙，被誉为"国际瓷坛的明珠"，法国人直称为"中国白"。泉州海外交通史馆内保存着明代瓷塑大师何朝宗制作的一尊观音，高0.64米，形象肃穆慈祥、飘然若生，瓷色纯和乳白、润泽如脂，为传世珍品。民国四年（1915年），捏塑瓷梅花在巴拿马万国博览会上获优等奖，后瓷塑作品又先后在英国、日本和南京举行的博览会上获金奖。

近年来，瓷塑观音等各种传统题材产品已有400多种，瓷品装饰图案花色多达3000多种，其中特大瓷雕观音高2.1米，造型高雅明丽；袖珍观音瓷雕高仅5厘米，清逸隽秀；为国家特制的建白礼品瓷——双凤花瓶、芭蕉花瓶，以及为北京人民大会堂设计的刻花茶具、餐具、花瓶和跨凤鸣翠酒具等都备受欢迎。瓷塑艺人还用不同质料的泥釉烧制出莹洁明快、高白度的孩儿红，绚美夺目的加彩和璀璨雍贵的镀金等，增添瓷塑艺术的光彩。产品畅销国内几十个省市及世界上近百个国家。2006年，德化瓷烧制技艺入选第一批国家级非物质文化遗产代表性项目名录。

福建龙眼木雕

福建龙眼木雕主要产地在福州、莆田、泉州等地，唐宋时就已用在建筑装饰和佛像等方面。龙眼木质地坚硬细脆，颜色赭红，其虬根疖疤、残根弃枝皆可为料。龙眼木雕的制作工序分为锯料、打坯、修光、磨光、染色、上漆、擦蜡、装牙眼等10多道。作品古朴大方，粗犷别致，造型生动逼真。清末，廖熙的木雕作品曾在巴拿马博览会上荣获一等奖。产品销往香港地区和日本、东南亚及欧美等几十个国家。

仙游漆木碗

仙游漆木碗利用柯、梓木质的天然波纹，采用不同的传统工艺，生产风格各异的产品。如用"红退光""黑退光"工艺，生产的产品明亮如镜，光彩照影；

仙游木漆碗

用退光贴花、漆内描图工艺，生产的产品摸之无痕，视之有景；用生漆擦、透明漆擦工艺，生产的产品木纹清晰，质朴典雅。现有青面朱里碗、透明暗花鸳鸯碗、吸吻碗、百寿碗、全朱盖碗、梅花枫叶盖碗等及盘、碟、筷、匙、杯等60多个花色品种。

平潭贝雕

平潭贝雕是利用贝壳的天然色泽、纹理、形状，经过艺术构思，磨雕粘贴而成的工艺美术品，具有贝壳的自然美、雕塑的技法美和国画的格调美。

平潭盛产形态各异、色彩斑斓的贝、螺、蚌、蛤等海产品，是生产贝雕的优质原料。平潭贝雕艺人采用拼贴法、浮堆法、坯模法、支撑法、镶嵌法和镂空透雕法等工艺，首创了贝壳堆画、贝堆立体山水、花鸟盆景等艺术品，而后又与漆器相结合，创造了新颖的贝雕画，共有浮雕贝画、立体圆雕、嵌贝漆器、嵌贝盒子和花插等五大类200多个品种，既有刻画人物和动物形象的，又有描绘花草和山水的，多彩多姿，惟妙惟肖。立体圆雕《骄杨颂》《蚌女》《套鹿》《孙悟空大

315

春满乾坤（平潭贝雕）

闹天宫》等作品都在国际市场上享有盛誉。产品销往国内几十个省市及世界上几十个国家和地区。

2. 花果

福州茉莉花

茉莉花原产地印度，西汉时传入中国，当时就在福州落户。宋朝时，福州已普遍栽培茉莉花。茉莉花系木樨科，春末开花，花开花落，直至深秋；花朵洁白，玲珑小巧；花香浓郁，清新不浊。福州茉莉鲜花成熟饱满，洁白，香气芬芳，无劣变，种植历史悠久，栽培技术优良，具独特品质。长乐种单瓣茉莉花，是福州独有品种，有2000多年栽培史，花冠单筒，花蕾圆锥状，花香鲜浓清幽。

单瓣茉莉花（翁文峰　摄）

双瓣茉莉花为1979年后由广东引种，花冠双筒，花蕾卵圆状，花香浓郁持久。1985年，茉莉花成为福州市花，2012年，农业部正式批准对"福州茉莉花"实施农产品地理标志登记保护。

茉莉花田（翁文峰　摄）

漳州水仙花

水仙花是石蒜科水仙属的多年生草本花卉，明代就开始种植，最宜盆养。水仙花江南处处皆有，唯漳州水仙鳞茎硕大，箭多花繁，色美香郁，素雅娟丽，故有"天下水仙数漳州"之美誉。而且漳州水仙花还具有产量稳定，花球肥大，花株分蘖多，开花期长，芬芳清郁等优点。漳州水仙花主要分单瓣与复瓣两种，单瓣副冠杯状，色金黄似酒盏，花瓣银白如玉，称"金盏银台"，俗称"酒盏"，古称"单叶水仙"；复瓣副冠成重瓣，瓣上色乳白，瓣下淡黄，花皱团簇、玲珑，称"玉玲珑"，俗称"百叶"，古称"千叶水仙"。漳州水仙花香味最优，"一堂水仙满堂春，冰肌玉骨送清香"，花香清新馥郁；枝态绰约高雅，人称"凌波仙子"；可以雕刻成各种优美的花型，因此驰名中外，蜚声全国，与兰花并列为福建名花。

漳州水仙花

水仙花海（洪世廉　摄）

漳浦蝴蝶兰

　　蝴蝶兰花形似蝴蝶，芳姿艳质，清秀脱俗，有"兰中皇后"之称。目前"漳浦蝴蝶兰"已经成为蝴蝶兰产业的重要品牌，为国家地理标志证明商标。2005年创建福建漳浦台湾农民创业园，引进众多台资企业进驻，同时也引进了台湾蝴蝶兰企业。台湾原生种蝴蝶兰闻名世界，被引进漳浦后，漳浦蝴蝶兰也名声远扬。目前，漳浦共有较大型蝴蝶兰企业10多家，其中一半为台资企业。2010年春节，

漳浦蝴蝶兰（林杜鸿　摄）

胡锦涛总书记到漳浦台湾农民创业园视察时称赞，漳浦蝴蝶兰是"最漂亮的蝴蝶兰"。目前，漳浦蝴蝶兰产业种苗生产占比六成左右，年销花、成品花增长至四成，产品已经逐渐销往全国各地。

橄榄

橄榄在福建雅称"福果"，主要产地在闽江两岸。橄榄呈纺锤形，绿色，成熟后呈淡黄色。果形秀美，色泽鲜润，肉厚核小。吃起来始涩后甜，越嚼越香，回味无穷，有消食清肺利喉的功效。除生吃外，橄榄还可以用盐腌成咸橄榄，用糖、蜂蜜、五香等佐料加工成甜爽可口的五香橄榄、檀香橄榄、丁香橄榄等。

橄榄（吴国清 摄）

福橘

福橘主要产地在闽江两岸，明代就很有名气，当时称"朱橘"。果实扁圆形，每个约重100克，色泽鲜红，皮薄肉多，味甜微酸，光滑耐贮。除艳丽怡人、甘美爽口外，还具有药用价值，含有葡萄糖和多种维生素，特别是维生素C含量更多，是病弱者良好的辅助食品。因为福橘以"福"字命名，"橘"又与"吉"同音，且成熟于冬腊，所以为人们所喜爱，成为福州人春节期间馈赠亲友、招待佳客的上等果品。旧时福州风俗，大年初一，家家都在门外放几个福橘，任小孩拣去，象征"开门大吉"。

荔枝

荔枝，别名丹枝、荔子、丹荔，曾被称为"百果之王"，有2000多年的种

荔枝（吴国清　摄）

植历史。自唐代以来，福建荔枝就被列为贡品。福建荔枝主要产地在莆田、漳州一带，莆田涵江、漳浦乌石等地的荔枝尤其有名，莆田城内宋氏宗祠庭院中，有一株荔枝树距今1200多年，为福建最老的荔枝树。福建荔枝品种有乌叶、陈紫、兰竹、绿荷包、宋家香等，其中陈紫肉厚汁多香甜，乌叶皮薄核小味香，深受欢迎。新鲜荔枝"壳如经缯，膜如紫绡，瓤肉莹白如雪，浆液甘酸如醴酪"，酸甜可口，香气馥郁，而且有很高的营养价值和药用价值，自古以来，我国人民就把荔枝看作是珍贵补品。荔枝除鲜吃外，还可晒干、酿酒、制罐头，鲜荔枝焙制的荔枝干，与桂圆干并列为滋补珍品。

龙眼

龙眼又称"桂圆"，在我国已有2000多年的栽培历史。与荔枝、枇杷、福

龙眼（吴国清　摄）

橘、香蕉、橄榄并称福建六大名果。福建龙眼主要产地在厦门、泉州、莆田一带，品种有300多种，每年八九月份开始上市，产量、质量均列全国之冠。鲜龙眼"圆若骊珠，赤若金丸，肉似玻璃，核如黑漆"，果肉鲜嫩，果汁甜美，营养丰富。用鲜龙眼制成的桂圆肉是名贵补品，有开胃健脾、补虚益智的功效，可治疗病后虚弱、贫血萎黄、神经衰弱、产后血亏等症。莆田、仙游出产的兴化桂圆干、桂圆肉，名闻国内外，在国际市场上供不应求，特别是海外侨胞，把龙眼干视为祖国珍贵的特产。

天宝香蕉

福建香蕉主要产地在漳州一带，以九龙江西溪上游的天宝香蕉最为著名，驰名中外。天宝香蕉因原产于漳州天宝镇而得名，具有果个适中，皮薄，肉质软滑细腻，果肉无心、浓甜爽口、香气浓郁等特点。天宝香蕉的优良品种有天宝高蕉、天宝矮蕉、台湾蕉、墨西哥蕉等。700多年前，引自印度的一个品种，称"印

天宝香蕉

蕉"，又称"天宝本地蕉"，果大皮薄，味香质甜，肉软无蕊，营养丰富，食后齿有余香。几十年前由台湾引进的台湾蕉，香甜多汁，可与印蕉媲美。2007年，国家质量监督检验检疫总局批准对"天宝香蕉"实施地理标志产品保护。

平和蜜柚

福建柚子优良品种有四季柚、文旦柚、琯溪蜜柚等。四季柚原从台湾引入，主要产于福鼎前岐镇，曾在全国名柚评比中名列第二。文旦柚主要产于仙游度尾等地，明清时列为贡品。琯溪蜜柚主要产于漳州平和等地，平和琯溪蜜柚一般称为平和蜜柚，最为著名，是漳州平和县的地方名果，已有500多年的栽培历史，早在清乾隆年间它就被列为朝廷贡品。平和蜜柚味道酸甜，含有丰富的维生素C及大量其他营养素，是医学界公认的极具食疗效益的水果。平和由此成为中国柚类第一大县，被誉为"中国琯溪蜜柚之乡""世界柚乡，中国柚都"。

平和蜜柚

莆田枇杷

福建枇杷夏初成熟，产于莆田、云霄、福清、连江、福州等地，以莆田、云霄产者为佳。莆田枇杷达50多个品种，主要品种有梅花霞、白梨、大钟等。梅花霞完全成熟时颜色鲜艳如霞，汁多、肉细、味甘，种植较普遍。白梨果形如梨，果肉色白，有苹果香味，汁多味甜，入口不留残渣，为鲜食上品。大钟如茶钟大，故名。大钟果皮易剥离，果肉橙红色，汁多味甜。1952年，莆田枇杷曾以粒重172克在德意志民主共和国举办的世界展览会上获得冠军。枇杷果有"止渴、下气、利肺气、止吐逆、润五脏"的药用功能，叶、花、皮、核也均能入药。除鲜果供市外，多制枇杷糖水罐头。以果肉炼制的枇杷膏，陈年久藏，治肺气病有特

枇杷（吴国清　摄）

效。2008年，莆田枇杷被评为国家地理标志产品，莆田已成为全国三大枇杷产地之一。

3. 闽茶

福州茉莉花茶

茉莉花茶源于宋，始于明，兴于清，盛于今。福州茉莉花茶原产于福州，生产工艺为福州长乐人所发明。福州茉莉花茶不仅采用高品质茉莉鲜花作为窨制原料，而且精选高山首春烘青的绿茶为优质茶坯。烘青绿茶组织结构疏松，吸香性强，更重要的是茶味清纯，用于花，能使茶香花香融为一体。福州茉莉花茶主要品种有茉莉大毫、茉莉银毫、茉莉春风及蛾眉、雀舌、明前、龙团等。其特点是香气鲜灵持久，滋味醇厚鲜爽，汤色黄绿明亮，叶底嫩匀柔软，冲泡四五次余香犹存。福州茉莉花茶不仅是良好的饮料，而且具有一定的药理功用，可以生津止

茉莉花茶

渴，消倦提神，利尿去烦，收敛消炎，去腻益思和预防坏血病、龋齿及伤风感冒等疾病。

福州茉莉花茶畅销全国各地，特别是华北、东北、西北等区域，而且每年还出口欧美、日本等国家和地区。福州茉莉花茶已成为福州市特产，是中国国家地理标志产品。2011年，国际茶叶委员会授予福州"世界茉莉花茶发源地"荣誉称号。2014年，花茶制作技艺（福州茉莉花茶窨制工艺）入选第四批国家级非物质文化遗产代表性项目名录。

安溪铁观音

铁观音是乌龙茶中的珍品，安溪铁观音质量佳、名气大，发源于安溪县西坪镇尧阳山麓。近几十年来，安溪铁观音风靡大江南北，已经成了乌龙茶的代名词，安溪也被称为"中国乌龙茶之乡"。安溪铁观音叶张紧结，卷曲如螺，色泽

安溪铁观音

乌润；泡饮时汤色澄亮，甘芳四溢，香味浓郁，独具一格；品饮后齿颊留香，舌底回甘，素有"绿叶红镶边，七泡有余香"之美称。铁观音还含有多种生物碱、维生素、儿茶素、果胶质、糖类蛋白质、芳香油等物质，具有清心明目、减肥美容、防治动脉硬化和某些癌症，以及减轻辐射伤害等功效。安溪铁观音产品远销东南亚、日本、美国、英国等国家和地区。安溪铁观音已成为世界名茶，1982年凤山牌特级铁观音获国家金质奖，1986年新芽牌铁观音在法国巴黎举行的国际美食博览会上被评为世界十大名茶之一，1987年凤山牌特级和一级铁观音双获北京国际博览会金奖。2008年，乌龙茶制作技艺（铁观音制作技艺）入选第二批国家级非物质文化遗产代表性项目名录。

平和白芽奇兰

白芽奇兰俗名竹叶奇兰，产于平和县海拔800米以上的高山，是平和县特色名茶和传统名茶，是乌龙茶中的珍稀优良品种。白芽奇兰栽培历史已有250多年。因其芽梢白毫明显，叶张似"竹叶奇兰"，成品茶具有独特"兰花"香气的特征，故而得名。白芽奇兰属适制乌龙茶的高香品种，历来以其独特的兰花香气，鲜爽秀美之质，醇厚回甘之味，清澈杏黄之汤，而备受人们喜爱，被赞誉为"茶中奇葩"。产品畅销闽粤等省和港澳台地区，远销日本、东南亚及欧盟等国家和地区。用白芽奇兰制作成红茶品质特别，既有红茶的香味和口感，也有白芽奇兰特有的品种香味。白芽奇兰茶在国内外评比中屡获殊荣，1986年、1989年先后获福建省名茶称号，1991年、1992年又分别荣获"福建省名优茶"。

福安坦洋工夫

坦洋工夫红茶是福建三大工夫红茶之一，曾以产地分布最广、品质、产量、出口最多而名列福建三大工夫红茶之首，坦洋工夫因原产于福安境内白云山麓的坦洋村而得名。福安市由此被誉为"中国茶叶之乡"和"坦洋工夫"红茶原产地。坦洋工夫红茶以其原料优质，制作工艺独特，技术精湛，品质香醇，及外形

福安坦洋工夫

优美、香高味醇、色泽红润等特点而驰名中外，长期远销西欧、日本、东南亚等多个国家和地区。在"坦洋工夫"香靡环宇的日子里，从国外写来的信件，无须冠以省、府、县之名，而直书"中国坦洋"，即可准确无误地安抵收信人手中。2007年，"坦洋工夫"被列为国家地理标志产品称号；2010年，获得"中国驰名商标"，成为国家级品牌；获得"福建十大名茶""申奥茶"等荣誉。2021年，红茶制作技艺（坦洋工夫茶制作技艺）入选第五批国家级非物质文化遗产代表性项目名录。

福鼎白茶

世界白茶在中国，中国白茶在福鼎。福鼎是白茶的原产地、主产区和出口基地，是"中国白茶之乡"。福鼎生产白茶历史可追溯到唐代，清代是福鼎白茶

白茶基地

生产的兴盛时期，其珍品"白毫银针"被誉为世界名茶，出口欧亚39个国家和地区，并深受英国皇室的钟爱。福鼎白茶是一种轻微发酵茶，选用白毫特多的芽叶，以不经揉炒的特异精细方法加工而成。福鼎白茶品质特征为白毫披露、如银似雪，汤色杏黄明亮，滋味清鲜甘醇，香气素雅芬芳。白茶制法既不破坏酶的活性，又不促进氧化作用，且保持毫香显现，汤味鲜爽。福鼎白茶以其独特的品质和特有的保健药用功效享誉海内外，具有清凉、消热降火、消暑解毒等功效。福

白茶

鼎白茶地理标志证明商标被认定为中国驰名商标。2011年，白茶制作技艺（福鼎白茶制作技艺）入选第三批国家级非物质文化遗产代表性项目名录。

4. 闽珍

源和堂蜜饯

源和堂蜜饯产于泉州，源和堂蜜饯厂1916年创办于晋江青阳。源和堂蜜饯多选用闽南水果制成，品种达200多种，其中较出名的有七珍梅、化核李咸饼、青果豉以及蜜李片、良友榄、玫瑰杨梅、金枣夹心应子等。七珍梅和化核李咸饼是采用优质杨梅和李干，加入传统配料精制而成，柔嫩鲜美，咸酸甜适宜，生津止渴，帮助消化；青果豉咸中带甜，回味悠长，开胃健脾；玫瑰杨梅原果风味极

中山南路源和堂老门店

强，酸甜适口；金枣夹心应子用李干、白糖、柠檬酸精制而成，质地润泽，甜中带酸，有香草风味。源和堂蜜饯蜚声海外，产品畅销东南亚、日本和欧美，深受港澳同胞、海外侨胞和外国人士的喜爱。

菩提丸

菩提丸是厦门蜜饯厂生产的传统产品。清雍正年间（1723—1735），厦门虎溪岩东林寺有位菩提禅师，精通医术。他用师傅传授的秘方，配上红糖、橄榄，制炼药品，给风寒暑热的游人香客治病，疗效甚佳，此方人称"菩提丸"。现在是把熟橄榄磨皮，腌制一周后晒干，蒸烂再晒，掺入砂仁、豆蔻、肉桂、沉香等20多种名贵中药，和糖水一起熬制而成。菩提丸不仅是一种甘香可口的食品，而且有增进食欲、止吐散滞、消除腹痛的功效，干啖或撕碎泡饮均可，是居家旅行佳点。

泉州老范志神曲

以"古井"为商标的泉州老范志万应神曲，后曾改名为泉州建曲，现已恢复原名。老范志万应神曲相传是明朝泉州人范志所发明。它以谷物、豆类为主要

老范志神曲产品

原料，配入藿香、砂仁等50多种中药材，经发酵等多道工序精制而成。该药具有调胃健脾、消积化湿等多种功能，主治伤风感冒、食积腹痛、暑湿痢疾、呕吐泄泻、伤食腹痛。它在人体中，就是通过特殊的"发酵"作用，使药物迅速发生疗效。除作为药物之外，也可作为夏秋两季时令饮料。老范志神曲是民间家藏之宝，在东南亚也享有极高的声誉。

漳州八宝印泥

漳州八宝印泥由漳州源丰药材行老板魏长安于清康熙十二年（1673年）前后，将专治外伤的八宝膏药加上有关原料创制而成。乾隆时被清皇室列为贡品，声名远扬。孙中山用后，题写"品重珍珠"的横匾。八宝印泥将精选的麝香、珍珠、玛瑙、珊瑚、梅片、金箔、琥珀、猴枣等8种珍贵原料，磨研成粉后，再加上陈油、朱砂、洋红、艾绒，采用独特工艺制作。印泥细腻浓厚，气味芬芳；色泽朱红，鲜艳夺目；冬不凝冻，夏不渗油；燥热不干，阴雨不霉；浸雨不褪，永不变色。品种分特级贡品、一级贡品、贡品、极品、珍品和上品等六大类。因选

八宝印泥

料、制作不同于普通印泥，所以一般选用景德镇和德化生产的名瓷分装，外面分别配上樟木盒、宋锦盒、脱胎漆盒，而忌用钢、铜、漆器及紫砂石制品直接包装。2008年，印泥制作技艺（漳州八宝印泥）入选第二批国家级非物质文化遗产代表性项目名录。

漳州片仔癀

片仔癀产于漳州，已有近500年的历史。相传明代御医逃离京城来到漳州，出家为僧并悬壶济世，用宫廷配方及独特工艺精制出药锭。因解毒消炎的疗效特高，消肿退"癀"往往一片奏效，故名"片仔癀"（"仔"为闽南方言中语气词，"癀"为热毒肿痛）。该药选用麝香、牛黄、蛇胆、田七等名贵药材精制而成，可内服亦可外敷。除消肿退癀外，还对急慢性肝炎、耳炎、眼炎、牙龈发脓及各种炎症引起的发热、疼痛有显著疗效，对癌肿也有减轻痛苦、抑制扩散、延缓病情发展的功效。漳州制药厂研制的片仔癀产品畅销美国、英国、法国、加拿大、瑞士、日本及东南亚国家和港澳地区，在海内外市场享誉斐然，畅销不衰，可以说，有华人的地方就有片仔癀。1984年获国家优质产品金质奖章，1994被评为"国家一级中药保护品种"，1996年、2006年成为首批被商务部认定的中华老

片仔癀

字号企业。2011年，中医传统制剂方法（漳州片仔癀制作技艺）列入第三批国家级非物质文化遗产代表性项目名录。

福建老酒

福建老酒是福州生产的一种传统名酒。福建老酒形成成熟的生产工艺已有200多年的历史。它选用上等糯米，以福建古田特产红曲和白曲为糖化发酵剂酿制而成。酒色金黄带褐，气味芳香，醇厚可口，略带甜味，营养丰富。陈酿的时间越长，味道越美，适宜长期适量饮用。它含酒度适宜，醇和爽口，适用性广，男女老少皆宜，适量常饮，具有健体强身的功效，能帮助消化，消除疲劳。福建老酒适宜作为烹饪调料。炖鸭鸡野味，炒牛肉羊肉，清蒸各种鲜鱼，烹入少许福建老酒，腥杂味尽除，香气扑鼻。名闻中外的闽菜，就以福建老酒为佐料。老人睡前喝上几口，夜间可减少泌尿量；妇女分娩坐月子期间，每天用老酒炖鸡吃可滋补母体，增加乳汁。1999年，被授予"中华老字号"称号。2007年，福建老酒推出"闽越江山"健康营养型系列饮用黄酒，为百年驰名品牌翻开了新的一页。

福建老酒（林巧 摄）